最佳狀態

超越心流，
掌握個人持續卓越的情商

Daniel Goleman
丹尼爾·高曼

Cary Cherniss
卡利·查尼斯

optimal

How to Sustain Personal
and Organizational Excellence
Every Day

蕭美惠——譯

各界讚譽

三十年前，我被《EQ》一書啓發，著迷於情商的探索。最終，我們都了解到人生快樂的原因並非成就或財富，而是你的內心；我們看待自己、看待他人、看待世界的方式，主導了我們的人生。

提到情商，許多人會立刻想到EQ之父丹尼爾．高曼，他的著作引領我們進入情商的世界。而本書的另一位作者卡利．查尼斯，其研究與著作也影響著我。他針對職場情商對領導力展現的許多論述，是從內心的感受來談職場領導力，非常有意思。

本書從不同的人生切面分享了兩位作者的研究，生活的、情感的、工作的，我欲罷不能地讀著。若你尚未接觸過兩位大師的著作，本書不僅集大成，而且深入淺出，就請你只取這一瓢飲吧！你將能重新體會你內心的「最佳狀態」。

——**王介安**／GAS口語魅力培訓®創辦人

情商是通往個人和團隊成功的必經之路，這本書會讓你重新審視情商的重要性，更教你如何在日常生活當中實踐。

——**瓦基**／「閱讀前哨站」站長

總統大位，競逐者眾，若有候選人標榜自己高智商，崇拜者固然有之，嘲諷者也不會是少數。

成爲好總統，頂尖智商可能不是關鍵，關鍵可能是卓越的情商。

台諺說「𢖉人先𢖉心」，能「𢖉心」者，勢必能隨時梳理自己內心，保有最佳狀態，因而擁有良好的人際關係，也才有本事帶領一個高情商團隊。

奇美許文龍董事長曾說：「治理國家和管理公司是一樣的。」

無論你任職於企業或政界，本書都將引導你總是維持在「最佳狀態」。

——**楊斯棓**／《要有一個人》、《人生路引》作者時間比金錢更寶貴，而專注力又比時間更寶貴。如果能在「最佳狀態」之下進行各種活動，不僅生產力大幅提高，我們也可從中獲得快樂愉悅的滿足感，可說是最佳的時間運用方式。我常鼓勵人們進入「心流」狀態進行工作或學習，但若您總是心流短暫或力有未逮，那麼一定要試試此書所指導的方法，您一定可以做到「最佳狀態」！

——**愛瑞克**／《內在成就》作者、TMBA共同創辦人

目次

目次

前言・你的最佳狀態

想像一下，如果你是二〇二一年美國網球公開賽第四輪的艾拉・湯賈諾維琪（Ajla Tomljanovi），你會有什麼感受。湯賈諾維琪在小威廉絲（Serena Williams）的生涯最後一場賽事擊敗了她。小威廉絲是網壇傳奇：二十三度獲得大滿貫，那一天出賽時正值她的巔峰。此外，有二萬四千名球迷擠滿了這座全球最大的網球賽場地，顯然都支持她這邊。[1]

幾乎所有球迷都在「高喊著小威贏球」，外加線上觀賽的數百萬人。想像現場的「各種嘈雜聲，包括爲小威助陣的吼叫、湯賈諾維琪發球失敗時無禮的歡呼、看台上的各界名流、對小威致敬的影片。」

不過，湯賈諾維琪有一項祕密武器。她的父親是前職業手球冠軍，也是她的第一位教練，教她利用專注來鎮定神經。「他曾給她看電影《往日柔情》（*For Love of the Game*）裡，凱文・科斯納（Kevin Costner）飾演的投手在一場完全比賽是怎麼做的。他全神貫注在捕手的手套上，忽略球場裡其他一切事情。」湯賈諾維琪聽從父親的指導，徹底保持專注。

她在賽後表示：「從我踏上球場的那一刻起，就不再四處張望。我完全封閉在自己的小泡泡裡。」湯賈諾維琪的這種專注維持了三個多小時，打出個人生涯最佳比賽，在三局裡擊敗了小威廉絲。

她在這場了不起的網球賽中體現了「心流」（flow），亦卽全心浸淫的狀態、讓人們發揮出終極巔峰表現。這種超凡專注能讓每個人做到最好，稍後我們將詳細探討。而你的情緒狀態也至關重要，因爲不安的想法會讓人無法全神貫注，所以世界級運動員才會那麼重視「心理比賽」：他們是在跟這項運動的最頂級運動員競爭。因此，他們的內在狀態與專注成爲勝利的關鍵。

不過，由於「心流」通常用來表達我們人生中罕見、甚至難以捉摸的事件，所以我們更偏好較爲實際、可實現的目標：對於自己度過了美好的一天感到滿足，按照你自己設定的標準，這一天是有成果的。這就是我們所說的「最佳」（optimal）。

我們認爲，僅是聚焦於湯賈諾維琪這一類的超凡成就，便忽略了我們每個人都可以進入的、讓我們發揮到最好的最佳狀態之線索與條件——尤其是她那鷹隼般的專注。

我們認爲，堅守在我們的最高水準——以我們個人來說相當於湯賈諾維琪的完美網球表現的東西——容易讓我們傾向完美主義，造成精疲力竭與倦怠。我們不可能時時刻刻都維持在巔峰，但我們可以一直設法做到最好。無止境地追求心流會讓我們走向極端，而做到最好則是更爲現實的目標。

我們的最佳狀態模型之於好好表現的概念，就像是帶小孩那樣，我們不必每時每刻都當個完美父母，而是盡量做好分內的工作。追求心流的理想將我們架在一個太高的標準，架在「最好的我們」的完美主義式觀點，而最佳標準能讓我們放鬆、享受自己正在做的事，不會一直批評自己。請你腦袋裡的批判聲音閉嘴，專注在手邊的工作就好。

在本書第一部，我們將描繪最佳狀態是什麼感覺，所依據的是數百人記錄自己美好一天的內心架構的日誌。接著，我們將透過卓越職場表現的觀點，探討那種內心架構從外部看來是什麼樣子。

我們兩人都是心理學家，因此尋求紮實的研究發現來導引我們的思路。依循著研究，我們發現最佳狀態的一個關鍵因素在於情緒上的智慧——換言之，就是情商（emotional intelligence，俗稱 EQ）。

觀察來自外部的職場卓越指標如何反映出人們自己回報的內在體驗，對我們而言是一種頓悟，讓我們看見情商是通往個人卓越表現的大門。我們的結論是，最佳表現的關鍵要素取決於情商，儘管情商的能力近年來被冠上了各式各樣的名稱。

我們分析了數十年來有關情商的科學發現，其中顯示情商對最佳狀態——以及造成我們無法達到那個狀態的原因——有著直接影響。比起心流之下的神奇巔峰體驗，擁有滿意的一天才是成就與自我實現的關鍵，更別提還能避免身心倦怠。

我們認爲，情商可以在各種方面提供我們每個人內在資源，讓我們更能達成自己的最佳狀態。在本書中，你將找到更容易進入最佳狀態的實用方法，而不必等待一些難以捉摸的因素將你帶入心流時刻。

為什麼是現在寫作本書？

對丹尼爾來說，本書是他將近三十年前靈光乍現的積累與確認：情商提供了一份地圖，以指引我們達到最佳狀態。這是他有關情商主題的第五本著作，書中匯集了可證實他當初的直覺的大量研究。

這個主題的第一篇學術論文在一九九〇年面世，數年之後，卡利和丹尼爾共同創辦了「組織ＥＱ研究協會」（Consortium for Research on Emotional Intelligence in Organizations，簡稱CREIO），並擔任該協會的聯合主席長達二十五年。該協會的使命是：鼓勵將學術方法標準與營運組織實際需求予以整合的健全研究。[2]

這個協會的宗旨，是將那些在企業與學校等組織試驗情商應用的從業人士，以及可以將他們的方法論應用到這些專案的學術研究人員聚集起來。

現在，過了四分之一個世紀，此類研究已經族繁不及備載。雖然在這個概念出現的早年，有些批評者（理由正當地）指謫沒有足夠證據支持情商攸關工作績效或領袖能力，而今關於情商對各種效能（effectiveness）的重要性，已有充分的論據，尤其是當自我管理和同理心、社交技能或抗壓韌性具有重要影響的時候，而這種時候太常見了。

就讓我們一起來收獲這豐盛的研究成果。在本書第一部，我們將探討當我們表現出色時是什麼因素正在起作用，以及情商能如何幫助我們達成此種狀態。

在第二部，我們會更新我們對於將情商化爲有效行動之能力的了解。我們將解析自我覺察中的基本情商元素，包括如何管理自我、同理他人，以及如何綜合運用以建立有效的人際關係。

在第三部，我們將探討我們生活中尤其重要的層面之一：在工作上發揮我們的最佳能力。我們將檢視情商協助我們達成最佳表現的方法，無論是作為個人、領導者或團隊成員。在以上這些情境，情商均可提升效能；研究顯示，最佳狀態與情商如何提升我們的職場個人表現的方式之間，有著驚人的相似性。我們將詳細說明幫助每個人增強這些能力的方法。我們也會分析何謂高情商組織——也就是將情商深植於組織文化的基因之中。

最後，在第四部，我們探究情商的未來，提出這些能力——結合其他心理與情緒能力——將如何協助我們準備好面對不確定的明天。

這種探討有著新的急迫性。近年來，粗暴無禮如同病毒般蔓延；我們目睹了失序的飛機乘客在航班降落時被逮捕的報導層出不窮。社群媒體上的憎恨聲浪已難以忽視。學校孩童與青少年鬥毆、霸凌、憂鬱和高度焦慮的情況節節上升。[3]如同我們在第三部會談到，情商能力在今日艱難的商業環境提供了關鍵優勢。不只是我們個人生活需要情商，整個社會亦無比需要。

第 1 部

通往最佳表現的情商之路

第一章
最佳狀態的你

想想處於最佳狀態時的你。當你處在效能巔峰，充分發揮自己的各項才能時，你的內在狀況如何？

除了極爲罕見的「心流」時刻之外，這種卓越還擴及更爲普遍的體驗，像是你度過了很滿意的一天，覺得以自己的方式做得很好，心情也和所做的事相得益彰，感覺像是可以迎接任何挑戰——我們的最佳狀態。[1]

有數種方法可以判斷你是否處於這種最佳狀態。處於此狀態的人更具創意，能夠提出新穎實用的解決方案。[2]他們完成優質工作的生產力保持在高水準。他們全心投入工作，即便困難重重。而他們的內在狀態從他們如何對待身邊的人反映出來：他們積極正面、樂於支持、相處起來很有趣。

我們可以視之爲「最大認知效率」（maximum cognitive efficiency）的狀態，此時你的心思馬力全開。而要在我們的心智生活中達到個人最佳認知水準，則取決於我們的情緒狀態。當我們摒除不安的情緒、保持高度投入，讓我們全力運用才能的大腦區域便會達到巔峰狀態。

當大腦警報系統保持安靜，正向動機迴路開啟，我們的認知力量會全速運作。我們愈是平靜，思考愈是敏銳清晰。因此，我們能將所擁有的才能發揮到淋漓盡致。

心情好是高效能的潛在徵兆，同時能增強注意力與企圖心——例如，更能看到大遠景（而不是陷在細節裡），活力充沛地想要進行更大範圍的計畫與任務。[3]

麥肯錫（McKinsey）顧問對五千名經理人與高階主管進行的一項調查發現，一些人表示他們多達五〇%的時間處在最佳精神狀態，其他人則說只有一〇%的時間。[4]更值得參考的是，在這項麥肯錫調查中，高階主管與經理人回答當他們在最佳狀態下，生產力比處於「平均」或中立狀態時高出五倍。雖然這種相對軟性的資料無法作爲科學證據，卻顯示出我們在最佳狀態之下感覺極爲有效率。[5]

☀ 度過真正美好的一天

哈佛商學院的研究員請數百名男女記錄他們工作日的事件、他們在那些事件中的感受以及他們完成的成果，在這些日誌中，個人經歷的許多具體要素浮現了出來，代表他們度過了真正美好的一天。[6]那些成果都是認知效能的跡象——像是解決一個電腦程式方面的棘手問題、構想出新的實用廚房器具，或是管理工具的製造與銷售等心智挑戰。

每個人在工作日結束時會填寫一份問卷，回頭審視剛剛過去的事件——總計有近一萬二千份人們內心世界的敘述。這個資料寶庫揭示出那些高度滿意的日子的要素。

對所有人而言，最佳狀態對於他們工作上的表現都極有幫助。[7]當然，生產力沒有單一測量指標；我們每個人必須依照自己重視的結果找到自己的指標，例如，讓你邁向大目標的「小勝利」。以軟體工程師而言，小勝利意味著找到方法去複製一些舊程式碼，將一項團體軟體計畫的所需時間縮減數個小時。[8]又或者，就非盈利組織創辦人香儂·瓦茲（Shannon Watts）來說，對她重要的小勝利如下所述。

「我想要每天都取得一個小勝利，」她說。「那種小勝利每天可能都不相同，或許在一些人眼中會很細瑣。像是一篇不錯的社論，」她舉例說，或像是一次有效的對話。[9]

她補充道：「小勝利或許不總像是那種盛大的凱旋，但重要的是你全心全意地投入。」

當然，你的小勝利未必要指向某個宏大目標，而是要符合你所重視的事。假如你有五個小孩，而你是他們的主要照顧者，你的小勝利或許是摺完洗好的衣物、準備孩子參加戲劇的戲服，或者監督他們全部做好家庭作業。如果你是經理人或高階主管，完成手上的差事、達成一項關鍵績效指標（KPI），或是邁向組織目標的一小步，都可能帶給你一種勝利的感覺。

在這些好日子，人們對身邊的人、自己的組織和工作性質都有更爲正面的看法，也會更加投入。舉例來說，他們覺得自己特別有創意地解決了當天遇到的問題。無論是軟體工程師終於消除了一項程式漏洞，或是全職家長成功說服一群家長來組成共乘車隊，認知敏銳性讓人更可能獲得這種小勝利——感覺就像是在手頭任務上獲勝了。

人們時常回想起因這種勝利而備受鼓舞的感覺——這些小小的勝利讓他們獲得好心情。關於人們認爲何謂好日子的報告顯示，屬於好日子的四分之三時間都有著小勝利，且這些很順的日子裡很少出現挫折（此外，「很順」的心情會讓人更易承受挫折）。如果有人或有事件支持著他們，人們尤其會覺得那是美好的一天——例如，他們感受到身邊他人的尊重與鼓勵。

當我們能夠輕鬆解決眼前迎來的問題與挑戰，自然會感到更加愉快；我們的感知染上積極正向的色彩，因此將「問題」視為令人振奮的挑戰，身旁的人看起來也更友善，而他們看我們時也一樣。

相反地，在不好的日子，所有事情都顯得不順利，人們表示感到沮喪及焦慮，甚至悲傷。他們完成任務所需仰賴的人不那麼配合，手邊資源也不充足。大腦研究告訴我們，壓力之下分泌超量的神經化學物質會重創我們的認知能力——比如，不受控制的壓力會破壞我們的專注力及抑制不當反應的能力。10

當然，此處存在著回饋迴圈。正面感受會增強擁有好日子、解決問題的機率，進而提升我們擁有好心情的機會。成就感不僅帶來滿足，甚至讓人興高采烈。

同樣的道理，壞心情可能讓我們更難解決問題，而無法解決問題可能讓人沮喪，甚至自憐與厭惡。在最糟糕的日子，人們表示缺乏他人的情感支持或事情進展不順，令他們感覺處處受阻——兩者都對他們的心情造成毒性影響。如果你在一天結束時失去所有喜悅，你大有可能在那天經歷了一個令人懊惱的挫敗；而挫敗變成悲傷、恐懼，或者純粹沮喪的感受。

☀重新思考心流

從你所有的好日子裡挑選最好的一天，有著某項非凡壯舉的一天。在你的個人生活中，相當於湯賈諾維琪打敗小威廉絲那場非凡網球比賽的事件是什麼？

舉例來說，一名神經外科醫生說起一次非常困難的手術，他甚至不確定自己可以順利執刀。儘管原本不確定可以做到，但他成功了。做完手術後，那位醫師注意到手術室角落有一些瓦礫。

「這是怎麼回事？」他問一名護理師。

「你在做手術的時候，」護理師回答，「天花板塌了下來，可是你太專心了，根本沒有注意到。」

這個故事是芝加哥大學一個研究團體收集的數千個故事之一，就是這個團體首先發現那個稍縱卽逝的狀態：心流，亦卽我們處在絕對最佳狀態的情況。[11]心流時刻像聚光燈般打亮了我們在一個特定領域的巔峰成就——外科手術、籃球、芭蕾舞，所有你能想到的。

在最初的心流研究中，研究人員向各式各樣的人詢問他們超越自我的時刻——那些他們甚至對自己表現之好都感到訝異的時刻。這些人所涵蓋的專業領域十分廣泛；例如，棋王、外科醫生、籃球員、芭蕾舞者都在其中。

無論該項傑出表現的具體情事爲何——沉浸在自己作品中的藝術家、下棋的大師、手術中的外科醫生、使出一記刁鑽進球的籃球員，或是美妙旋轉的舞者——他們的內在體驗都是相同的。研究人員將這種內在狀態稱爲「心流」。

在通俗的用法中，「心流」已成爲我們巔峰時刻的同義詞。公司被鼓勵去營造員工們的心流狀態。[12]但在這裡，心流有個問題：根據定義，這是一種罕見事件，就那麼一次我們曾處於絕對最佳狀態。

心流的體驗很棒，甚至接近奇蹟——可是你無法仰賴它。它似乎憑空出現，且明顯是在關鍵因素齊備之時，例如上述那名外科醫師的超常專注。正因如此，我們更加青睞最佳狀態，因爲它可能在我們自行努力之下獲得，而且遠比巔峰心流更常見。

擴大目標有助於我們對自己的期望變得更爲實際。我們不必在任何一天都處於絕佳、巔峰的狀態。反之，我們只要朝向大目標、取得穩定進步，便能有好心情，無須譴責自己沒有得到那種巔峰體驗（那種體驗既無法持續，更無法隨心所欲地創造）。美好的一天是指我們已做得夠好，足以在心中爲自己喝采。未若心流時刻，好日子或許沒什麼值得吹噓的事情，卻依然能令人感到高度滿足。

☀心流vs.最佳狀態

針對心流的廣泛研究點出了我們絕佳表現的數個關鍵層面。然而，以心流爲焦點，意味著只捕捉到最巔峰的時刻（雖然不可否認的是，一些心流研究也涵蓋我們所認爲的最佳狀態）。因此，我們要在此提出心流與最佳表現之間的關鍵差異：我們認爲，巔峰表現的成分不是單一事件，而是一個廣泛光譜上的多個點。而那個光譜本身提供了好日子的關鍵要素，我們在那天之中感受到應得的滿足感。

心流研究提出下列確切因素：

- 挑戰性與自身技能之間達到平衡
- 渾然忘我
- 時間在我們的體驗中消失了、延長了或縮短了
- 感覺很棒
- 似乎毫不費力

但若仔細思索，這些因素也許未必得侷限於罕見的「心流」狀態，而是每個因素都能對應到更爲普遍的最佳時刻的某個層面。

舉例來說，對自己的表現如何渾然無覺，幾乎毫無自我懷疑或擔心別人對自己的看法；這種自我意識的缺席，說明我們放下了平常的自我關注。不再憂慮地批評自己的表現，顯示我們通常花了許多精力去保護、膨脹與防衛的自我意識減少了。

當我們全心投入行動，這種自我中心消失了。全心投入於手頭上的活動，讓我們卸下情緒包袱——全神貫注的狀態要求我們將包袱留在門外。在這種專注時刻，我們平常的思

緒流動變成了一種干擾。我們必須放下對於未來的想法——例如，擔心將會發生的事——以及過去的回憶，尤其是後悔，並把我們的心思帶回到現在手上的工作。

舉個例子，一名攀岩人士告訴我們，他喜愛攀岩的理由之一，是他必須全神貫注在自己的一舉一動；他忘卻了煩憂。一旦達到忘我的程度——忘記待辦事項清單、當天的煩惱、個人的希望與恐懼——我們的注意力便得到釋放，轉而聚焦於手邊的事情。

這種最佳狀態最顯著的跡象或許是：**感覺好極了**。「本身即目的」（autotelic）是研究人員用以形容這種愉悅的術語。[13]我們處於如此積極主動的心態，我們喜愛我們所從事的活動本身（在這些時刻，比如薪酬等因素似乎不是那麼重要的動機）。

接著來談那種毫不費力的感覺。對處於心流狀態的人而言，外界看來耗費巨大心力的事情，其實沒那麼費力。我們認爲，最佳狀態的這個層面顯示我們正在運用一項純熟的技能。[14]針對嫻熟某技能的人們所進行的腦部研究，得到一項有趣的發現：相較於初學西洋棋的后翼棄兵開局法或是首次站在罰球線射籃的人，無論是棋王或籃球員，他們在進行該項活動時，腦部消耗的能量**較少**。某個領域的大師行雲流水般的動作，表示他們的腦部已形成習慣性順序。

習慣形成的科學告訴我們，這種毫不費力標示著一種神經轉變，其中涉及行爲的順序已成爲一種習慣，會自動化且無意識地發生。這種習慣性順序是在基底核（basal ganglia）被激發，這是大腦底部一個較爲原始的區域。一旦基底核接掌了一種已熟悉的順序，我們便能毫不費力、不假思索地執行那種新習慣。聽起來是不是很像心流？但其實它眞正顯露的是熟練的技能。

接著是**全神貫注**。我們全然沉浸在手邊的任務，完全不會分心。我們忘記了時間——時間加快或放慢了——我們沉迷在所做的事情之中。幾乎沒有什麼能讓我們脫離這種全神貫注。稍後會詳談到，我們將這種一心一意視爲通往最佳狀態的道路（而不是副作用），與最初的心流理論所提倡的正好相反。

超越心流

在發掘最佳狀態的內心世界時，對於是否有必要包含芝加哥團體列爲心流因素的每個層面，我們有所置疑。此外，我們不認爲「最佳」的構成因素是非此卽彼（要不有，要不沒有），而是一個光譜，漸進式地涵蓋我們內心狀態的更大區域。因此，在我們的好日子裡，我們體驗到美好感受，難題一出現便敏捷地加以解決，全心專注在所做的事。那不表示我們處於備受吹捧的「心流」狀態——只不過是一切順利罷了。比起心流，最佳狀態可能出現在我們生活的更廣泛層面。

此外，我們亦質疑心流典範的一些基本前提。研究人員假設，進入心流的關鍵是一個人在其能力的高峰遭受考驗，因此必須發揮最佳技能（無論那項考驗需要的是什麼技能）。他們說，處於心流狀態的人亦擅長因應挑戰，無論要求是如何瞬息萬變。其經驗法則是：我們的技能與挑戰性達到平衡。在企業界或學校，這也許意味著，給予一個人將其能力發揮到淋漓盡致的任務——但不是超出其能力極限。

不過，我們的看法不同。雖然有人說，當一項考驗需要動用我們的最高級技能時，進入心流的機會最高，但我們認爲這種考驗與技能的匹配並不足以進入最佳狀態。就我們看來，你能夠將最佳才能展現到何種程度，並非只取決於情勢是否激發出你的潛能、你的才能鍛鍊得如何，同時亦取決於你的內在狀態。若你處在錯誤的心理狀態——比如，對該項考驗不感興趣或感到高度壓力——你便不大可能達到最佳狀態，無論你是否有那個潛力。

舉個例子，建築院校的學生每日記錄他們的心情與表現，後來發現處於正面情緒狀態以及能夠自由選擇如何完成作品，才跟他們的全神貫注有關，而不是技能與考驗相互匹配帶來的全神貫注。[15]另一項關於心流研究的文獻回顧發現，心流跟技能和考驗之間的匹配率較無關聯，手邊任務對一個人的目標有多重要的關聯性更高。[16]我們認爲，你覺得所做之事有意義，以及對做事的方法有某種掌控權，或許能提升全神貫注；而相較於我們的技能與特定考驗的配對，前者那種全神貫注對於最佳狀態更爲重要。

初始的心流研究認爲，全神貫注是心流的一種效應，但我們認爲專注——亦卽不分心——才是進入最佳狀態的門路。換句話說，專注力可促成一個好日子與一天的好表現，而不是反過來。如渾然忘我等其他因素，才是這種全心投入手邊工作的副作用。藉由重新定義心流，認爲透過我們的專注力卽可實現這種體驗，揭開了通往我們所謂最佳狀態的大門，無須仰賴機緣巧合或畢生難求的時刻。

以下是一些處於最佳狀態（卽擁有眞正美好的一天）的主觀元素：

- 更有創造力，將障礙視爲挑戰

- 更有生產力，完成優質工作
- 感覺良好，心情愉快
- 頭腦敏銳，取得邁向大目標的小勝利
- 看法積極，努力不懈
- 在人際間給予及得到支持

這些最佳狀態的主觀體驗元素反映出內在觀點。我們將在下一章看到，由外部觀察我們在這種狀態下的運作方式，能夠在相當程度上映射出情商的好處。

第二章

情商與損益表底線

情商對於我們工作上的成功有多少幫助呢？丹尼爾第一本討論情商的書在二十五年前出版時，我們還無法回答這個問題。當時，情商與工作績效、員工參與度等重要結果之間直接關聯性的研究甚少。商業領袖與學術研究人員亦對此有所置疑，但在科學上和商業上，懷疑論都是有用的，它可以刺激我們用功研究，以證實我們自認正確的主張，或是在資料確鑿下放棄我們的想法。[1]

許多如何在商業上成功的相關流行話題，從未由沉著冷靜的研究人員仔細審查。它們不過是風靡一時的「本月熱門話題」，等到新潮流興起後很快就會消失。幸好，情商不是如此。由於組織ＥＱ研究協會以及其他來自大學、企業界的多方努力，相關研究自一九九〇年代中期之後便持續穩定地產出。目前已知情商對一個組織中各個層級的人員績效皆能造成很大的差異。

其中一項較具說服力的研究，是針對美國中西部一所大學的大學生所進行。[2]這一大群學生在畢業前接受一項情商測試，然後在十二年後完成一項追蹤調查。這項研究發現，他們大學時期的情商調查分數預測了他們後來的薪資，準確度甚至高於他們的智商（IQ）、性格、成績與性別。

在學術職涯中，一個人的影響力是由引用你的同儕審查論文的其他學者人數等事物來衡量。你的聰明才智在這裡相當重要。在學術界，你需要碩士或博士學位以成爲一名教授。你找到你想要鑽研的題目，進行獨立研究——那便是你賴以獲得回報的東西。

企業界的基本規則迥異於學術界。如果你進入一家企業，你需要專注在那家公司視爲策略重點的事物，也要加入團隊合作，而不是獨立工作。未若學術界有終身職，在企業界，你的地位取決於績效——以及公司的財務穩健程度。甚至有一整個產業是在訓練博士社會化，好讓他們更能融入企業現實世界。

至於薪水，當然更像是用來大致衡量在公司晉升階梯上取得的成功，而不是衡量績效。高薪的人未必是工作最有效率的人。（你可能想到了一些血淋淋的例子！）不過，現在有許多研究對情商與績效進行了直接檢視。

專業銷售人員尤其是適合研究的群體，不僅是因爲他們的銷售數據能提供績效的確切評估，更是因爲銷售本身就需要情商技能。舉例來說，在一家大型全國性房地產公司，情商分數高的經紀人所達成的銷售額高於分數低的人。[3]保險經紀人也是一樣：高情商創造更高的銷售額與客戶留存率。

研究人員認爲，情商對於銷售可提供數方面的協助。例如，情商幫助他們在應對焦慮或沮喪的客戶時更能保持鎭定。情商亦使經紀人能了解爲何客戶有那種感受，進而據以鎖定銷售訊息、應對任何可能構成阻礙的情緒。維持情緒平衡以及同理心，此兩大情商能力會造成很大的影響。

這項研究的含意遠不止於房地產與保險銷售。在許多職業，人們都必須「推銷」某個東西。以瑪莎爲例，她負責一項針對痛失摯愛之人的計畫。以她身爲執行董事的身分，最重要的「推銷」是和潛在捐款人會面。她在職涯早期，曾於一次會晤時分享自己八歲時父親死於癌症的親身故事。

瑪莎說故事時，她注意到房間裡的氛圍轉變了，她的聽衆突然變得更爲專心，一兩個人眼眶含淚。瑪莎亦注意到自己開始以更高的熱情講述這項計畫。她明白，訴說自己的親身故事是與潛在捐款人建立連結的強力工具。瑪莎的情商——她感受、理解與管理自己及他人情緒的能力——提高了她爲自己的計畫爭取捐款人的效能。

STEM職業的情商

情商能協助導引出銷售性質工作的最佳表現，這件事不難理解。那麼，工程之類不屬於銷售性質的衆多領域又如何呢？凱斯西儲大學魏德海管理學院的理查・波雅齊斯（Richard Boyatzis）與他的學生們對一家大型汽車公司研究部門的工程師進行了研究。[4]這些工程師要互相評估彼此身爲工程師的效能。結果是：這些工程師的情商是其效能的一項重要預測指標，但經由一般心智能力所測出的智商則不是，其他性格特質也不是。

近年來，對科學、科技、工程和數學（science, technology, engineering, and mathematics，簡稱ＳＴＥＭ）等領域的工程師來說，情商已變得更加重要，因爲工程師愈來愈常以團隊形式工作，他們的表現有一大部分取決於他們的團隊關係處理得好不好。團隊工作有時是一種挑戰，因爲不同性格、文化背景與專長的人聚在一起，做事風格各不相同。情緒與社交能力，例如情緒平衡、適應力、同理心與團隊合作，有助於因應困境，針對棘手問題提出更創新的解決方案。

認知智力依然不可或缺，單是想要應聘工程職位，便需要相對高水平的智力。然而，一旦人們獲聘之後，智商的差異對於工作表現就沒有那麼大的影響。所以，認知智力是必需的，但不足夠；情商已變得格外重要。

再來看另一種ＳＴＥＭ職業：資訊科技（ＩＴ）。現今幾乎每一家中型或大型公司至少都有一名ＩＴ人員，其唯一職責是維護電腦、電話與其他電子系統的運作。那麼情商對他們有多重要？

數年前，卡利任職的大學系上有兩名ＩＴ人員。他們兩人都有稱職的能力，其中一人具有較強的科技背景；但每當電腦有問題，系上職員通常會找另一人。爲什麼？因爲他更爲友善。當焦慮的使用者擔心是不是他們「弄壞」自己的裝置時，他更令人安心。如果情商較好的那名ＩＴ人員不在，系上職員往往不想去找另一位ＩＴ人員，而是試著自行解決問題。

令人訝異的或許是，理財顧問是情商扮演重大角色的另一領域。哈里斯（Harris）公司的一項問卷調查發現，在挑選理財顧問時，人們重視顧問的情商甚於其數位能力。[5] 這項調查是由「百萬美元圓桌」（Million Dollar Round Table）委託進行，一間年銷售額超過百萬美元的保險經紀人與理財顧問共組的協會。

總共有逾兩千人接受調查，其中超過半數的人表示他們「更可能信任『傾聽與明白客戶需求』、『以容易了解的方式溝通』、『聽懂他們的話』和『顯示他們把客戶當人看』的顧問的建議。」[6]

相反地，只有三〇%的受訪者表示，他們更可能信任有著包含最新資訊網站的顧問的建議；僅四分之一表示信任經常推薦相關內容的顧問。倒不是說理財顧問的科技能力不重要，但若談到信任，亦卽選擇理財顧問的關鍵之時，人們更在意情商。如同報告所指出，「雖然數位能力讓企業營運更有效率，有助於帶來客戶，但單憑它無法傳達出可信度。」

這些研究或許有說服力，但任何單一研究的結果都可能是異常現象。爲了更完善地評估在許多不同角色及職業中、情商與最佳表現之間的關係，我們可以借用統合分析（meta-analysis），這是一種結合多項個別研究結果的技術。此方法將某一項研究產生正面結果、而大多數其他研究認為是負面結果的事實列入考量，這種結果差異或許是源於測量結果的方法不同，或是被測量對象的某種獨特特徵，又或者是干預進行得好不好，這類因素數也數不清。研究進行的日期或年分，甚至都有可能造成差異。但若是用統合分析結合大量研究，其中每項研究是評估不同群體、甚至使用不同測量方法，那麼一兩項異常的研究結果就會被抹去。

在一項涵蓋九十九項研究、總計逾一萬七千名參與者的統合分析中，情商是表現的重要預測指標。[7]這些研究用以評估表現的指標大相逕庭。一些研究是用上級長官的評等來評估表現；其他的則是用財務結果作為指標，或是工作績效的直接測量。情商與表現之間的關係也因為職業或產業而各有不同，例如，對銀行家和警察來說，情商對卓越表現而言是特別有力的預測指標。

其他至少還有五項統合分析均得出類似結果：情商持續顯示為人們工作表現的重要預測指標。[8]研究人員詳加檢視資料後發現，對於需要管理情緒或頻繁參與社交互動的工作，情商格外重要。[9]然而，即便是較不涉及自我情緒管理與關係技能的工作，情商仍與優異表現有關。

☀ 投入的工作者

想像一名個人助理坐在電腦前，撰寫老闆指示的電子郵件。作爲熟練的鍵盤手，即使想著其他事情，比如老闆眞是個混球，他打字也能得心應手。這名個人助理並沒有**投入**他的工作，但他的表現令人滿意。

像這樣的情況實在太多了，我們的工作產出或許合格，但我們的態度與感受卻不是。最佳表現講的不只是我們工作做得有多好而已。想想看那位助理能夠變得多優秀，如果他不只是技術上手，還足夠投入、使出全力的話。一名專家將工作參與感描述爲「正面、充實的工作相關心態，特徵是有活力、奉獻精神與全神貫注。」[10] 此定義說明了處於最佳狀態的工作者是什麼模樣。

以中學教師尤吉妮亞．巴頓（Eugenia Barton）的經驗爲例。她對教導職業教育課樂在其中，但過了幾年，她覺得有些乏味，於是開始尋找可以讓她更爲投入的事情。她想到了學生商店的主意。學生在她的指導下經營商店，並在過程中學習商業世界的知識。商店極爲成功，她與學生在店裡工作的時間是她一天中最精彩的時刻。她說那是「我所想到過最棒的事。」

參與感不僅有助於提升我們的工作滿意度，亦能增強我們的表現。一項統合分析發現，員工投入度攸關他們客戶的滿意度、他們的生產力，甚至公司獲利，還能降低員工流動率及減少意外。[11]

可惜的是，員工投入度近年來持續下降。二〇一六年，民調機構蓋洛普（Gallup）公布全球員工投入度僅三二%；及至二〇二二年，已下跌到二一%。[12]

無數研究證實情商較高的員工更投入工作，例如某項針對兩千一百名護理師的研究。[13]同樣地，教師的情商與其投入程度有關，進而創造他們學生的更高成就。[14]在警察之中，情商高的人更投入自己的工作，且更不可能辭職。[15]

情商能夠創造更高投入度與工作滿意度的原因之一，是它可協助我們找出適合我們的處境。情緒自我覺察力較高的人，更能辨識可能令自己滿意且有意義的工作機會，或者想方設法讓自己更投入目前的工作。

以瑪姬爲例，她是任職於某個大城市的法律部門的律師。[16]她的工作單調乏味、毫無成就感——直到有一天，她找到一疊古早的破產案件，辦公室沒有人負責處理。仔細翻閱檔案後，她發現市政府被積欠了數十萬美元。瑪姬專注在那些案子，成爲了明星員工，爲市府財庫帶來數百萬美元的進帳。

博得認同與稱讚使瑪姬幹勁十足，她熱愛極具分析性與挑戰性的工作。有些案件對心智的刺激遠遠超過她所做過的任何工作。最精彩的時刻是她將其中一個案件提上聯邦巡迴上訴法院，當著全國一些最傑出的法官面前進行辯論。她終於如魚得水，進入她的最佳狀態。

瑪姬對自己的工作高度滿意且投入。雖然工作滿意度跟投入度緊密相關，但二者並不完全相同。工作者有可能對工作滿意，但不特別投入。那就是瑪姬以前的情況；在法律扶助辦公室做前一份工作時，以及翻到破產案件之前，她鮮少進入工作的最佳狀態。

高情商者往往對自己的工作更爲滿意且投入。一項結合一百二十項研究與二萬九千一百一十九名工作者的統合分析，發現工作滿意度與情商之間有著密切關聯。[17]

該項研究亦發現，低情商員工更有可能辭職。員工流動率對公司損益表底線（bottom line）有著重大影響。[18]單是更換一名員工的成本就可能相當可觀。根據蓋洛普職場報告，「替換既有員工的成本是員工年薪的一．五倍到二倍。假設平均年薪是五萬美元，替換成本相當於每名員工二．五萬至十萬美元。」[19]若是高階主管，成本可能高上數倍。

此外，留下來的員工可能因爲焦慮而喪失生產力。再加上專業知識這種無形但無價的損失，這種缺口將造成長期成本。況且，當一家組織找來新員工替補離職的人，「工作上手」期間可能會給同事帶來一段相當時間的壓力。因此，也難怪低流動率與較佳的營運成果（如投資報酬率、資產報酬率及利潤等）有關。[20]

當一個人對公司的認同度下降，最佳表現也隨之下滑。一項統合分析發現，盡忠職守的工作者會有高水準的表現——而情商可以提升忠誠度。[21]

☀ 好組織公民

最近你的職場裡有誰不嫌麻煩地幫助你？那個人代表著超乎尋常的善意——他們在自身職務之外協助其他需要幫忙的同事。

這有時可稱爲「好組織公民」（good organizational citizen），其定義是強調超出某個職位的標準報酬系統之外的任何協助行爲。[22]作爲一名工作上的好公民，意味著你在自身工作要求之外去幫忙同事，例如，主動替忙不過來的同事分擔一些他們的工作，或是在公司內部活動結束後幫忙清理。這同樣跟情商有關。可想而知，特地去幫忙他人——尤其是如果許多人都這樣做——也能提升你的小組或組織的整體表現。[23]

一項總計逾一萬六千名員工的統合分析發現，高情商的人更有可能是好組織公民。[24]相反地，低情商的人更可能有不好的習慣，例如打混摸魚、霸凌、遲到。[25]

接著，想想看因爲身體不適而無法進入最佳狀態的情況。想像有一天早晨你醒來便感到頭疼。那個早上你在辦公室有一個重要會議，而且你必須爲老闆完成一份報告，因此你勉強起床著裝。你有點想吐，所以沒吃早餐。你勉力進到辦公室，做你該做的事，可是你一整天都感覺自己在「狀況外」。你在會議上不怎麼發言，報告也不是很好。再想像每個月都會有幾天發生這種情況。

頭疼、睡不好或腸胃的小毛病，以及各種較爲嚴重的疾病，都可能讓員工無法使出全力。雖然許多因素都會造成生理與心理疾病，研究證實情商亦有重要關聯。[26]高情商的人可能比較健康的原因之一，是情商能幫助我們調適壓力、更具韌性，如同我們將在第六章談到的。[27]

自我覺察，加上情緒的自我調節，可幫助人們在壓力大到無法承受之前便發現，因此能更有效地管理壓力。例如，許多憤怒管理課程協助人們注意挫折與暴躁的最初徵兆，並指導人們如何因應以減輕發作，而不讓情緒達到全面爆發。

自我管理亦協助人們透過運動、遵行營養飲食與良好睡眠以變得更健康——而且他們往往更常聽從醫師囑咐。[28] 此外，具有同理心與團隊合作等情商能力的人，更可能擁有強勁的社交支持網絡，而這是對抗許多疾病的緩衝墊。[29]

☀ 簡言之，情商的好處

透過對組織的重要性的角度來看，研究發現高情商的廣泛好處由外部看來可被視爲最佳狀態。

具體來說，職場研究的經驗證據顯示高情商能讓你：

- 在任何工作與任何職階都更有生產力、更投入、取得更高績效

- 在你的職業生涯更進一步
- 更擅長銷售，就各方面而言
- 為你的組織創造更多營收
- 效能更高，即便是在工程與IT等STEM職業
- 看起來更值得信任
- 對工作更加滿意、更盡忠職守
- 離職的可能性比較低
- 在別人有需要時伸出援手
- 比較不可能霸凌別人、慣常遲到或打混摸魚
- 更加健康

綜合起來，我們將這些視為我們處在最佳狀態的外部觀點。挑幾個重點來說：最佳狀態的徵兆之一是正面人際關係，在上述列表中就是幫忙同事。或以感覺高度投入手邊工作的最佳狀態指標為例，由外部看來，可視為高度參與，而這是一項職場重視的特質。強烈

的使命感與滿足感也出現在這份淸單上。

可以確定的是，與高情商相關的職場指標在設計時並未考量最佳狀態，而是反映對雇主最爲重要的評量項目。由外部看來的高情商徵兆與人們處於最佳狀態的個人體驗之間是如此相似，這更是令人驚訝。

在第二部，我們將更爲深入探討情商的作用，情商現在已被我們視爲最佳狀態的有效成分之一。情商的每個部分以其各自的方式幫助我們進入並保持個人表現的最佳狀態。自我覺察提供了一個內在平台，讓我們更能好好管理自己的內在狀態。同理心——感受他人的情緒——對我們的人際關係也有著相同作用。

第 2 部

情商：娓娓道來

第三章

情商之回歸

鮑比的母親是丹尼爾的四年級主日學教師，鮑比則是比丹尼爾大了幾個年級；他從丹尼爾的人生消失，數十年後再度出現，就在丹尼爾的書《EQ》於一九九五年出版之後不久。當時，鮑比已經移民到以色列，改名爲魯文．巴—安（Reuven Bar-On）。他聯絡丹尼爾，說他已寫完博士論文，與情商有關，題目是：福祉（well-being）。

雖然魯文在南非大學的論文是以福祉爲題，但他後來將他對於那些特質的測量重塑爲對情商的評估——在當時是一種討論人們性格及人際能力的熱門新方法。魯文的研究體現了評估情商的眾多方法之一，而他的方法（以及數項其他方法）至今已催生了許多研究案例。因此，若談到情商究竟有什麼確切好處，現在已可以在經過充分研究且詳細的報告中找到答案。

假如你在搜尋引擎輸入「情緒智商」（emotional intelligence），你會得到數百萬條結果。那是因為這個名詞（或其簡稱情商〔ＥＱ〕）已成為通俗用語，被人們相當隨意地使用。有鑑於此名詞的意義模糊不清，同時也鑑於情商衍生出的理論如雨後春筍般湧現，我們認為是時候重新審視我們對這個名詞的定義，同時協助讀者弄清楚我們在這裡所講的情商到底是指什麼。

自從耶魯心理學家彼得．沙洛維（Peter Salovey，日後成為耶魯大學校長）與當時他的研究所學生約翰．梅爾（John Mayer）於一九九〇年撰寫這個概念的第一篇論文以來，已誕生了十餘個重量級的情商模型。[1]他們在那篇論文之後更設計出一項情商指標，如今學術界在研究這個主題時廣泛採用。

數年後，丹尼爾寫完《ＥＱ》一書，和卡利共同創立了組織ＥＱ研究協會。此領域的專家紛紛加入，包括魯文在內。

過去四分之一個世紀以來，我們歡迎各門各界的從業人員與研究人員加入協會，他們使用著當初沙洛維與梅爾的論文發表以來出現的各種不同情商模型。這種突飛猛進的增長，意味著打從一開始便有個問題：「你所說的『情商』是什麼意思？」儘管領域內對此仍有爭論，大家已有了一些基本共識。[2] 協會成員可代表主流情商學派，而在會內的一項調查中，下列模型（表1）是大多數人都能接受的。

情商四象限只是無數方法的其中之一，用以分割與標示這個重要的性格與人際技能組合。自我覺察讓我們隨時感受自己的情緒，以及爲何我們有那些情緒性反應，而它們又是如何塑造我們的想法、感受及想要行動的衝動。自我管理讓我們運用內在覺察有效處理我們的情緒：不讓擾人的情緒妨礙我們的活動，增強正向感受，從煩憂之中復原，在干擾之下仍鎖定目標，敏捷應對不斷

	所知	所做
自己	自我覺察	自我管理
他人	社會覺察	社會互動

表1 各學派都能接受的基本情商模型有這四個象限：自我覺察；自我管理；社會覺察；社會互動。每種情商模型再依照各自的方式呈現這幾個象限。

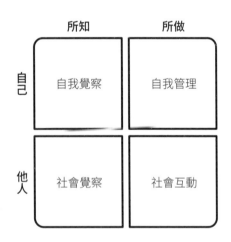

變化的挑戰。這些能力幫助我們保持在最佳狀態。

接著，同理心讓我們接納別人——理解他們對事情的看法、他們的感受，關心他們的福祉。這培養出「好日子」之中典型的正向關係。最後，良好管理人際關係與互動讓我們可以指引、勸導、甚至激勵他人做到最好。我們可以成爲他們的導師，成爲有效率的團隊成員，揭露並解決醞釀中的衝突。這一切意味著我們可以幫忙別人進入並保持在**他們的**最佳狀態。雖然大多數情商理論對這四個象限有共識，各家在那些象限塡入的內容卻大有不同。情商的十餘種不同模型及定義（與同樣多種的不同評估工具）俱是建立在它們對評估對象的不同假設。[3] 繁多的模型代表科學上與實務上的濃厚興趣——而這是好兆頭。

激進的提議

大衛·麥克里蘭（David McClelland）是丹尼爾在哈佛研究所的導師，提出在當時頗爲激進的一個提議：他在主要的心理學期刊撰寫了一篇文章，主張求才時最好要看重應徵者的職能（competence），甚於任何其他才能指標。他指出，要評量求職者的職能而不是智力。[4]

麥克里蘭的意思是：如果你要爲某份工作找一個最適合的人，不要看他的智商或在校成績，而是要憑藉這份工作的合理評比指標，從你的組織裡該職位的員工之中找出績效前一〇%的人——也就是職能最高的人——並跟同一職位但表現平庸的人做比較。然後進行系統性分析，找出你在明星員工身上看到、而平庸員工沒有的能力或職能。[5]

我們因此得到一個「職能模型」（competence model）。今日，大多數擁有優質人力資源營運績效的組織，均使用職能模型來招聘重要職位。這個模型協助他們決定要雇用誰、晉升誰，以及該協助職涯中期的人進一步發展哪些優勢。

職能有兩種。「門檻職能」（threshold competencies）是每個人取得與保住一份特定工作的能力。智商或商業專業知識之類的認知能力大多屬於門檻職能：你在應徵一項工作時，需要展現自己具備智力與經驗，以因應那項職位的認知複雜性。一旦你被雇用，跟自己同樣聰明的人一起工作與競爭，就形成智商的「地板效應」（floor effect）。也就是說，某些特定認知能力是擔任那項職位的每個人都必須具備的基本技能。

另一種職能稱爲「區辨職能」（distinguishing competency），用以區隔出一份工作上的傑出表現者與平庸之輩。說到升職、明星員工或傑出領導人的時候，所考慮（或應該考量）

的是區辨職能。

丹尼爾去谷歌（Google）演講情商能力時，聽到許多反彈的聲音：一名高階主管堅持丹尼爾所說的一些「區辨」職能在那裡已成為門檻——也就是每個人做那份工作時都必須展現的能力。因此，對傑出表現者來說，最重要的職能是什麼，則取決於一個組織的常規。

無論如何，情商能力提供了一份對所有人都實用的地圖，類似於體檢的醫學檢測能讓你了解一連串生物指標，像是膽固醇和三酸甘油脂等數值是高或低。你的情商資料有助你看出從何著手以求精進，我們將在第十二章詳談。

情商的隱藏角色

在大學的第一個學期，卡利面臨一堂柏拉圖對話錄課程的期末考。這可謂茲事體大：期末考將決定學生在這門課的成績。而且考試內容繁重：逐字背誦課堂上過的八篇柏拉圖對話的其中三篇。

準備期末考時，卡利將那些篇章背得滾瓜爛熟，可是等到教授發下這場三小時期末考的試卷時，卡利呆住了。他的腦筋一片空白。他開始直冒冷汗，心跳加速。

彷彿經過永恆的時間那麼久（但實際上頂多只有五分鐘），他的神經系統逐漸平靜下來。等到他的神經鎮靜了，卡利的腦袋又開始運轉。他仍然感到有壓力，但他的心理機制上線了。一等他記起第一篇對話錄，就有如行雲流水。卡利寫得愈多，便愈平靜，對這次考試的好成績愈加有信心。

卡利能夠鎮靜下來，對於他能否發揮學術知識有天翻地覆的影響；他拿到高分，沒有考砸。他的認知能力與不安情緒之間的相互作用，說明了爲什麼情商對於人生成功至關重要。

情緒管理對學術界（或者重視認知技能的任何領域）的重要性，在我們在學的時候或許還看不出來。不過，這麼想吧：學校成績鮮少反映出學生在團隊合作或領導方面的能力，更別說創造力了。相反地，成績好的人通常擅長學習新知識或擅長考前臨時抱佛腳。對於職業生涯的成功，這種（在學生時代可帶來充分獎勵的）認知能力或許有其必要，但對於成爲領導人或優秀團隊成員而言卻不足夠。

許多組織使用「關鍵績效指標」（ＫＰＩ）來評估員工的工作表現，這些指標在企業界或許是最接近學校成績的東西，但我們來看看ＫＰＩ衡量的事物：對於組織戰略性成功最重要的指標。ＫＰＩ的範例包括：在一段期間內簽下了多少新客戶或挽留了多少老客戶；或是多少人光顧一家商店，其中多少人進行購買，或是一個線上連結被下載了多少次。

若要在這些指標上表現良好，需要具備相應的認知能力門檻，但在許多方面也需要情商。未來這點可能會更爲迫切，例如，有能力感知客戶對品牌的體驗。這種同理心能力可說是攸關一家直接面對消費者（direct-to-consumer）公司的生存，但超出今日典型ＫＰＩ設定的範圍。

認知能力與情商之間的相互作用可能很複雜，此二者對於成功及進入最佳狀態都很重要，但重要性各不相同。

我們的一般心智能力（general mental ability，簡稱ＧＭＡ），即我們對於智商或認知技能的另一種常用說法，已一再證明是學生在校成績、最終收入與整體工作成功的最佳預測指標。[6]但這項規則有一個巨大例外：當生活或工作變成情緒雲霄飛車的時候。另一個例外是我們的人際關係，在此同理心至爲重要。在這些方面，我們的自我管理與人際溝通能力會造成巨大差異。[7]

資料顯示，智商與情商技能位在不同的腦迴路。我們的認知能力——由我們的工作記憶與大腦處理資訊的速度等能力來決定——往往隨著年齡增長而衰退。另一方面，情商似乎維持完好，甚至隨著年齡而提高，這可由更強的正向性、情緒控制與穩定性看出來。[8]

現在，我們來深入討論這類技能的基本元素。基於這個目的，我們將使用表2所呈現的模型，由丹尼爾與凱斯西儲大學管理學教授波雅齊斯共同開發，建立自對情商四象限裡的情商能力之數十年研究。我們將使用這個模板來探討較不受重視或新近才受重視的情商層面，而且這些層面是有助於達到最佳狀態的。

這個版本的情商，是根據情商象限內可據以區辨明星員工與平庸之輩的具體職能。[9]雖然最初是衍生自分辨職場前一〇%明星員工的資料，但無論我們的生活是什麼模樣，這些能力對我們每個人都有好處。

這個由我們協會成員開發的情商通用表格，在四象限分別填入職能之後，大概會像這樣（下頁表2）。

表2所列出的十二項情商職能通常適用於（但不僅限於）領導人。不過，我們要擴大可以稱爲「領導者」的人。領導的精義可以濃縮爲以某種方式影響別人，如此說來，我們

每個人都是領導人：我們有自己的影響領域，無論是小團體或大範圍。教師、家長、朋友圈——我們每個人在某個方面都是領導人。因此，情商職能對大家都適用。

接下來的章節將詳細介紹這十二項重要的情商能力，探討看來最爲適時的面向。我們重新審視了情商能力，並在某些情況下強調那些被低估的好處。我們探討這些能力的基本元素，除了讓早已熟悉的人複習一遍，也能重新思考這些情商元素在我們身上、領導人、團隊與組織中的作用。當然，這些能力每一項都可以幫助我們輕鬆進入最佳狀態。

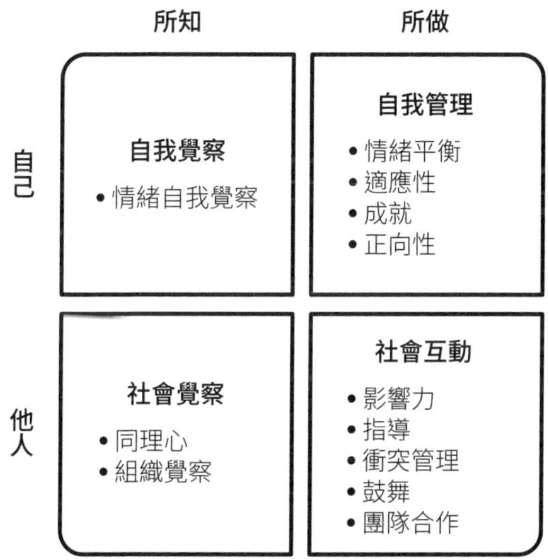

表2 通用情商象限所含括的職能。每項情商職能依其所在象限而定。

第四章
自我覺察的應用

「大多數運動員關注的是所謂進入『領域』（zone）的概念——在這個心靈狀態下，他們發揮出最佳自我能力，不會出錯，無論發生什麼事，他們總是領先一步。能夠渾然忘我、放鬆地專注、毫不費力……」[1]

這項最佳狀態的總結來自喬治．蒙福德（George Mumford），他與最優秀的運動員共事多年，包括美國職籃芝加哥公牛隊與洛杉磯湖人隊。蒙福德以進入最佳狀態作爲保證，邀請運動員參加專注訓練課程。

「我讓他們知道，如果他們專心，領域就會隨之降臨，」蒙福德告訴他們，「當他們進入領域時刻，沉浸在活動之中，他們便能發揮到最好。」

相較於心流研究者將全神貫注於手邊的活動視爲心流的**結果**，我們則是將全心投入手上事情的能力視爲**進入**最佳狀態的門路。我們必須摒除分心才能專心；我們愈是專注，分神的思緒與感受就愈少——而在我們使出全力時，我們是不會分心的。

神經科學將我們處於巔峰時的這種大腦狀態稱爲「神經和諧」（neural harmony）：手邊工作所需的神經迴路更加完整地啟動，與工作不相關的迴路則保持相對安靜。這讓我們全然集中在所做的事情。

如果全神貫注可以成爲我們通往絕佳狀態的門路，那麼分心——在大腦中所顯示的就是與手邊工作不相關的迴路啟動了——代表著迅速退出領域。有個例子就是一心多用（或者更糟，在社群媒體上瞎逛），我們迷失在與最要緊事情無關的活動。最糟的情況則是我們被搞到疲憊不堪。

想像一個聚精會神打電玩的人正拚命地躲避小行星，同時攫取太空中漂浮的水晶。在打電玩的時候，他們的大腦接受磁振造影掃瞄；他們愈是投入於遊戲，愈可能出現一種特定的大腦模式：他們的專注迴路火力全開，連結到大腦的歡愉網絡。[2]全神貫注的感覺良好。這扇能打開最佳狀態的完全專注之門還有其他好處：我們關閉了憂慮與自我懷疑的神經網絡，感到信心倍增、渾然忘我。

這裡報告一個好消息：數十年的研究顯示，我們可以學習全神貫注的能力，並且藉著練習來精進。[3]當然，運動教練與瑜伽修行者一直都明白這點。如同蒙福德向他的職籃球員所說的，學習專心與保持鎮靜，能夠換得球場上的最佳狀態。[4]當然，瑜伽修行者亦鍛鍊類似的注意力技巧，只不過是在精神層面。

艾米希・傑哈（Amishi Jha）是邁阿密大學一名研究專注的學者，指導該校美式足球隊員專注呼吸的技巧，當時他們正開始艱苦的賽季前有氧與肌力訓練——這些訓練本身就是一種壓力源。[5]在高壓訓練期結束時，花最多時間在專注力訓練的運動員們，在專注力與情緒指標兩者都表現最好。這不過是證明我們可以在適宜的練習下升級專注技能的衆多研究之一。這樣的練習可以鍛鍊情商的肌肉。

情商的基本技能是察覺我們自己的情緒，以及情緒如何塑造我們的想法、感知、記憶與行爲衝動。這種自我覺察需要我們面對自己的內心體驗。

自我覺察的基本定義是：「你明白自己的感受及其理由，以及它是否幫助或妨礙你在做的事。」[6]其他重點還有：你可以用別人眼中的你來校準自我形象；你準確地知道自己的極限與強項，因此你的自信更爲眞實；你清楚自己的目的與價值觀，這讓你更有決斷力。

認知科學家稱這種自省式專注爲「後設覺察」（meta-awareness）。我們可以看到自己的想法與感覺來來去去，知道我們專注力的焦點在哪兒——假如想要的話，就可以改變那個焦點。這種對自己專注焦點的刻意控制是一種心理技能。不妨將我們的心智想成是一所健身房，一個我們可以練習以增強心智能力的地方。

你或許記得，心流研究顯示一個人處於心流狀態時，其專注力是一〇〇%。他們聚精會神，全心投入當下。這種專心顯示出後設覺察，亦即監視與管理自我焦點的能力。但是，我們不需要在任何時候都保持那種鑽石般的專注光芒：更加強韌的專注肌肉，可增強我們進入最佳狀態的機率。

聚焦——在我們想要的時候注意我們想要注意的事情——可說妙用無窮。全心集中在當下任何對我們重要的事，讓我們可以發揮到最好；分心恍神則削弱我們的努力。在心理上能夠控制我們的注意力，就好比生理上的心肺耐力；如同強壯的心臟會增強所有的身體活動，全神貫注則增強我們所做的任何事。

☀ 自我覺察小幫手

正念。有個簡單的正念練習可以增強專注；許多人，尤其是職場上，以及甚至學童都在練習這個方法。練習步驟如下：將注意力放在呼吸，去意識完整的吸氣、中間的停頓，以及完整的吐氣。盡量專注在你的呼吸上愈久愈好。但要保持止念：當你的思緒飄走了（我們保證一定會的），而你注意到了，只需將專注力帶回到呼吸，全心注意接下來的吸氣及吐氣。持續做下去。就這樣。非常簡單。

事實上，也或許沒有那麼簡單：在持續練習時，你無可避免地會發現自己的注意力在專注呼吸與自己的思緒之間拉鋸。保持專注呼吸的關鍵，在於當我們發現自己思緒飄移的當下，就重新找回注意力，繼續下一次呼吸。這需要自我覺察；確實，這樣的正念可視為自我覺察的實際運用。

神經科學家告訴我們，我們愈常重複類似這樣的順序動作，那個順序的神經迴路便愈強大。在這裡，我們練習的是專心與拋開雜念，則讓我們得以專注的相關元素便會愈強大。[7]

聯繫內心。我們可以使用例行時刻來提醒自己評估內在狀態，像是刷牙或等候電腦開機時。聯繫內心的形式可以是感受我們當下的顯著情緒，或者掃描全身感官找出需要多加注意的地方，也或許可以放鬆這些地方。[8]

檢查你的自我對話。一名公衛護理師去居家探望一位罹患多種慢性病的老人。在前一次探視時，那位病患說：「我不明白你爲什麼老是來煩我。我根本不想活了。」許多護理師會將這名病患的話歸因於憂鬱或某種負面思維，可是莎拉卻視之爲她自己的失敗，她說：「我心想，『老天，我有什麼問題？我做了什麼嗎？』我一定是做錯了什麼事。」

這類自我批判有一種簡單的解藥：轉換到較爲實際的期望。明白自己無法總是鼓勵到每個學生的教師，以及了解打輸一場官司是這份工作必然之事的律師，皆能表現得更好。他們仍然定下遠大目標，並相信成功的可能性——但是，他們也爲失敗做好心理準備。最強烈的分心源頭來自我們的負面情緒。重新審視帶來那些感受的想法，可以幫助我們拋開壞心情，保持專注。

保持專注。無比專注的相反當然就是漫不經心。一項經典研究發現，人們在一天之中有半數時間都是心不在焉的。[9]漫不經心的最高機率出現在下列三種情境：通勤的時候、觀看螢幕的時候、工作的時候。不意外的是，若我們的心思從眼前的事情溜走，我們的表現便受到影響。[10]但是，訓練我們的注意力去注意自己是不是心不在焉，能讓我們專注在任務上、妥善處理雜念，並發揮最佳表現。[11]

有關這類單點專注的研究發現，它能夠帶來的是：[12]

- **我們更加平靜**。我們可以跟激動、憂慮、甚至是情緒所驅使的衝動「說不」。資料顯示，可抑制情緒衝動的前額葉皮質迴路，經過正念練習之後變得更爲強大。養成習慣每日練習正念的人，相較於過去比較少情緒性反應，也比較不會被觸發；如果眞的被觸發了，也能更快從心煩意亂之中恢復。
- **我們更加專心**。訓練專注是各式冥想與正念練習的核心，而這種對我們專注能力的系統性提升，無須仰賴任何特定信仰體系。經由練習來提升專注力，跟其他各種技能訓練課程基本上是相同的。
- **一心多用變得更為容易**。認知科學家告訴我們，「一心多用」（multitasking）的通俗觀念是虛構出來的——我們不可能同時進行數項不同任務。相反地，研究顯示，我們是迅速地從一項任務轉換到另一項。史丹佛大學的經典研究發現，如果人們做過呼吸練習，他們能更輕易對重要任務重拾專注，即便他們的思緒已漫遊了一陣子。[13]

- **我們學習得更好**。增強專注的一項顯著好處是：增強我們的工作記憶，也就是我們一時刻間所能記住的事。[14]我們愈是分心，工作記憶愈弱；愈是專心，工作記憶愈強。這裡有個大大的好處：所有的學習都需要我們專心，如此新知識才能載入工作記憶。這種專注訓練似乎應該成爲教育的標準環節。[15]
- **我們思考得更好**。專注訓練增強的認知能力不只是專注力，還包括記憶力，以及讓我們即便在高度壓力下也能處於心智的最佳狀態。[16]這擴展了我們的最佳狀態範圍，使得這種訓練對遴選標準包括了認知能力的任何職位來說相當有吸引力，像是法律業、醫學界、會計業和特種部隊。

當我們的專注堅如磐石，就能對分心免疫，而這在資訊氾濫與數位誘惑充斥的時代是一項寶貴資產。這種專心亦表示我們能堅定不移地鎖定我們的目標——眞正要緊的事情——儘管不斷遭遇讓我們分神的事物也一樣。因此，自我覺察這項專注能力的基礎，可說是通往我們最佳狀態的門路。

我們內心的方向舵

馬克．康諾（Mark Connor）早年便知道自己想從事陪伴小孩子的職業，於是他大學畢業後在一所貧民區學校找了一份工作。[17]他認為跟有麻煩的孩子一對一談話是這份工作最棒的一部分，但他作為學校心理師的第一份工作是場災難，他幾乎整天都在處理心理測試、寫報告和開會，而且他的上司叫人頭疼不已。這份工作對他沒什麼意義，壓力又大。不需要什麼自我覺察，他也知道自己過得糟透了，日復一日。

因此，馬克在工作之餘去學校上課，受訓成為心理治療師，然後找到一份新的學校心理師的工作來謀生。令他意外的是，這份新工作極具報酬性。心理測試的工作量很少，所以他有許多時間可以跟孩子進行諮商與治療——最讓他感到快樂的工作。他的上司樂於給予支持。馬克感覺自己更常處於最佳狀態之中。

那種最佳狀態的感受持續增長。數年後，馬克開始督導實習生，他也喜歡這部分的工作。他展開一項學區實習計畫，這讓他可以花更多時間做他覺得最有意義的事。他表示，這份在公立學校的工作可以面對各式各樣的學生群體、督導下一代的心理師，還有支持他的上司與和睦的同事，甚至比在私人診所看門診更具報酬性。

馬克有能力認知到最適合自己的工作環境，這指引他進入具報酬性的職業生涯。他的職涯路徑說明情緒的自我覺察，亦即情商的核心，對於我們的生涯選擇格外有助益，能引領我們選擇更能處於最佳狀態的工作。

麥肯錫公司的顧問分析了處於最佳狀態——展現無比能量、有自信、有效率、生產力極高——的人們的內心架構。[18]他們得出下列結論：驅動那些傑出表現的是一股堅如磐石的意義感——認為他們在做的事情是真正重要的，無論是對他們自己或對他們關心的人而言。

除了專注，自我覺察還有另一個被低估的功能是，它協助我們找到對自己來說重要的事情：我們的目的感（sense of purpose）。

聆聽我們內心的聲音

蘋果公司（Apple）共同創辦人史蒂夫．賈伯斯（Steve Jobs）獲悉他罹患肝癌（後來他因此去世）之後，為史丹佛學生帶來了一席發自肺腑的演說。「不要讓他人的意見淹沒了你內心的聲音，」他告訴學生們，「最重要的是，要擁有聽從你的內心與直覺的勇氣。你的內心與直覺早已知道你眞正想要成爲什麼樣的人。」

這幾句賢明的忠告背後有神經科學的支持。事實上，我們大腦的線路讓那種「內心的聲音」很難清楚地表達出來；那個聲音是我們的內在羅盤，爲我們指引人生的意義與目的。它可以爲我們指示正確方向，卻無法告訴我們前往的地方名爲什麼。

大腦將我們的人生智慧——我們曾有過的一切經驗之總和——儲存在深層的迴路。這些深層的迴路連結到控制身體感覺的中腦結構：腦島（insula）。如賈伯斯所說，這些迴路「早已知道你眞正想要成爲什麼樣的人。」

然而，這個深層迴路與負責語言思考的腦部，即最上層的大腦皮質，兩者之間的連結是零。此外，這些深層迴路的反應時間快於大腦最上層新皮質（neocortex）的推理迴路。說到快思慢想，正如丹尼爾·康納曼（Daniel Kahneman）在他那本關於人類心智生活的暢銷書所說的，直覺比我們的理性更加快速。[19]

雖然這個直覺迴路無法直接跟大腦皮質「說話」，卻與我們的胃腸道有著強勁連結。以「我要去做的事符合我的價值觀與目的感嗎？」這個重要命題爲例，由於大腦的迴路，我們無法得到訴諸語言的答案；我們感受到的是「胃腸感覺」（gut feeling，意爲「直覺」）。

舉例來說，在歐普拉·溫芙蕾（Oprah Winfrey）的職業生涯初期，她是巴爾的摩一家電視台六點鐘新聞節目的主播，但她從未全心擁抱這份工作，反而覺得格格不入。後來她被調職——實際上是貶職——成爲該電視台日間脫口秀節目《人們在說》（*People Are Talking*）的主持人。

根據她的回憶，打從初次擔綱主持那個節目，「我打從心底感到開心，就像回到自己的家。那一個小時結束後，我的心裡油然生出一股頓悟，直達後頸汗毛。我整個身體都在告訴我，這就是我應該做的事。」[20]

神經科學家安東尼歐·達馬吉歐（Antonio Damasio）把告知我們某項決策爲正確或錯誤的身體感覺稱爲「軀體標記」（somatic markers）。這些內在信號導引著我們人生中的每個重大決策，從決定婚姻對象到將目標化爲行動。只不過是先有感覺，後有行動。這並不是要否定做決策時理性衡量利弊得失的作用，而是那股感覺同樣給了我們令人信服的資料。

舉個例子，一名企業顧問剛剛成爲母親，感到精疲力竭、難以負荷。她上了一門情商課程，教導她如何聽從自己的身體感受——當她結合課程與「最佳自我」的練習，她領悟到自己在工作時感受到最佳的自我；她時常發現自己處於最佳狀態。[21]雖然曾考慮過辭職，但她決定跟老闆談一談她的感受。結果老闆出奇地體諒與支持，他們想出方法讓她可以參與她喜愛的工作，同時兼顧照料家庭需求與自己的健康。

另一方面，接納自己的感受也可能造成大不相同的結果。在同一門情商課程，另一位有著相同負擔的女性——家庭、小孩與全職工作——也做了感受練習。「她對自己的工作感到倦怠與挫敗，但最終是她的身體感受促使她做出辭職的決定，」帶領小組進行情商課程的麥克．史坦（Michael Stern）如此表示。

我們愈善於判讀我們的直覺，愈能夠在做決策時汲取我們的人生經驗。自我覺察讓你清楚自己的價值觀與目的，從而讓你在制定行動計畫時更加果決。當然，有些人認爲自己是在跟隨直覺，但也可能在此時犯錯；自我覺察則能幫助我們更爲準確地解讀那些直覺。

自我覺察：附加價值

透過新觀點來看待自我覺察，便可明白它在一般理解範圍之外的更多裨益，也就是明白自己的感受及其原因，有助我們了解那些感受對我們所做之事有益或有害。除此之外，最佳模型亦強調自我覺察的另外兩項用途。第一點是運用自我覺察來強化我們的專注，幫助我們辨識與摒除雜念。

自我覺察的第二項用途是：偵測我們身體的細微感知，讓那些感知告訴我們所做之事是否讓我們有處於最佳狀態的感受。再回頭看一下麥肯錫顧問報告的估計值，處在最佳狀態可以讓我們覺得效率是普通狀態的五倍。麥肯錫顧問發現，若要進入及保持在那種狀態，究其根本是人們所付出的努力要能與他們覺得對自己最重要的事、他們心中的意義與目標有所共鳴。

自我覺察還能帶來另一項重要能力，可幫助我們進入或保持在最佳狀態：妥善管理我們自己。我們來看看賽斯是如何使用我們協會成員馬克・布雷克特（Marc Brackett）、耶魯大學情緒素養中心（Yale Center for Emotional Intelligence）負責人所開發的自我覺察增強系統，以應付他的高壓工作加上為了照顧新生兒而夜不成眠的考驗。[22]白天的時候，賽斯會不時檢視自己當下的感受，利用「情緒儀表」來標示它們。情緒儀表列出許許多多感受的名稱，分布在兩種向度之間：愉快—不愉快，高精力—低精力。這個表格幫助他辨識自己的情緒，例如「無精打采」（低精力）或「絕望」（十分不愉快）。

標示情緒是布雷克特情緒系統「RULER」的五個步驟之一，其中的「標示」（labeling，代表其中的L）代表要認清你當下的感受，了解你爲何有那種感受及其影響。然後是情緒的表達（expressing，代表其中的E）。

「假設我喜歡跟兒子相處，」賽斯說，「我的表現方式可能會是陪他一起大笑和玩耍。但如果我在工作上感到挫折——高精力與不愉快的結合——我可能會決定去散步、冷靜下來，或者先喊停一場對話，給自己機會停下來審視情況。你無法永遠控制發生在自己身上的事，但你永遠可以控制自己的反應。」

最後一步是調節（regulating），指的是若要管理我們的情緒，很大程度取決於首先覺察到情緒，我們將在下一章討論。

第五章 管理你自己

想像新英格蘭一個下雪的冬日。一名五歲男孩想去外面玩雪，他的媽媽說：「好啊，那你要穿上雪衣。」

聽到這句話，那個五歲孩童開始鬧脾氣。「不要，我不穿！」他反抗地喊著，又哭又叫。

突然間他停了下來，默默走進房間。他在房裡待了幾分鐘後走出來，已經穿好雪衣，準備去往外頭。

他的媽媽詫異地說：「嘿，怎麼回事？」

「喔，」那個五歲男孩解釋，「我的護衛犬發脾氣了，所以我派智慧貓頭鷹去跟牠談談。」

那個五歲孩童向他母親解釋的是初級的大腦科學。他在學校裡學到護衛犬（Guard Dog），指的是擔任警戒哨兵的情緒及注意力迴路，負責提醒我們準備因應緊急狀況。在現代生活中，這往往意味著超出實際危險的過度反應——生氣或害怕。甚至連象徵性的威脅，例如媽媽叫你穿上雪衣才能出去外頭玩，都可能觸怒護衛犬。

在想要的時候將注意力放在我們想要的地方，此能力取決於一種密切相關的心理技能，稱爲「認知控制」（cognitive control）。[1]認知控制讓我們可以專注在一項工作，忽略干擾——特別是包裹著強烈情緒的那些干擾。

心理學家使用「認知控制」一詞指稱自我管理的心理能力，包括抑制第一衝動的能力，好讓你不會立刻去做腦子裡想到的任何事，而是去做最爲合理的。其他還包括讓一再反覆的負面想法——最惱人的一種干擾——不再浮現。

我們每個人都有自己的觸發點，而這正是要運用認知控制來管理我們的負面想法與衝動的時候。舉例來說，二〇二二年奧斯卡金像獎典禮上，諧星克里斯・洛克（Chris Rock）對威爾・史密斯（Will Smith）的妻子潔達・蘋姬—史密斯（Jada Pinkett-Smith）開了個不當的玩笑。他用她的光頭開玩笑，卻不提是因爲她罹患了圓形禿。這個玩笑激怒了史密斯，他衝到台上打了洛克一耳光。

重點來了——洛克遭到掌摑後設法維持鎮定。洛克是典禮主持人，當史密斯打他耳光時，他正在進行脫口秀的環節，而洛克爲了保持輕鬆氛圍，立刻對這樁意外發表了一句後設評語：「這是電視史上最棒的一夜。」洛克鎮靜地接著宣布最佳紀錄片得主是艾哈米爾·湯普森（Ahmir "Questlove" Thompson）的《靈魂樂之夏》（*Summer of Soul*）。

洛克沉著冷靜的反應大概是出於智慧貓頭鷹，即位於大腦前額葉皮質的執行中樞。這個迴路協助我們重新思考我們生氣的事情，找出較爲理性的行動方式。洛克與那名五歲男孩似乎就是這麼做的。

說到我們的私人情緒生活，大多數的反應圍繞在兩個腦部區域之間的相互作用——情緒中樞產生的衝動，與可以對衝動說「不」的前額葉皮質。腦科學給我們的主要教訓是，當我們被情緒綁架時，不要對最初的衝動做出反應。

遇到緊急狀況，我們反覆排練過的習慣會浮現出來，杏仁核與相關迴路從前額葉皮質手上接管大局。我們陷入原有習慣，在來得及思考前卽做出反應。例如，在一起悲劇事故中，一名菜鳥警察想要掏出電擊槍制服不受控的嫌犯，結果她卻掏出手槍射殺了嫌犯，卽使她當下還大喊著：「電擊，電擊……」

一個具啟發性的例子是，直升機駕駛必須重新學習如何解開安全帶，理由很簡單：直升機的座位安全帶設計與汽車不同——直升機駕駛的前胸有兩條呈V字型的束帶。我們曾無數遍解開汽車座椅安全帶，從我們腰側將安全帶鬆開，但這種習慣在直升機緊急事故中可能致命，因爲駕駛浪費了寶貴的數秒鐘才想到安全帶必須由前胸解開。因此，新手駕駛必須不斷反覆練習，養成可以保命的新習慣。

認知控制在這種時刻事關重大，但在我們必須管理紛擾的衝動與不聽話的思緒時也一樣重要。這種才能是把專注維繫在我們的目標——協助我們保持最佳狀態——以及一切自我調節能力的基礎。[2]

每個人都知道，紛亂的情緒會妨礙我們進入最佳狀態。研究顯示，情緒激發（emotional arousal）——例如，一名教師說了引人入勝的故事——有時候可以增進學習及智能表現。但是當情緒變得騷動不安，便會破壞我們付出的努力。[3]

我們無法控制所產生的情緒爲何、情緒的強烈程度，或者情緒出現的時間。然而，一旦我們感受到情緒，就有了一個抉擇點；我們未必要把情緒表露無遺。將最初衝動到後續反應之間的時間差拉長，有人認為這就是成熟的定義。

以衝動、無秩序著稱的學齡前兒童，與遠遠更加專心、行為得體的三年級生，兩相比較之下便能看出差異。在發展科學中，這種改變稱為「五至七歲轉變」（five-to-seven shift），牽涉到抑制衝動的前額葉皮質迴路在這幾年間的迅速發育。這樣的自我調節能力為兒童帶來數不清的好處，尤其是能夠集中注意力聽老師說話這一點。

這項至關重要的自我控制技能，是自我管理需要的所有情商能力的核心：維持我們的情緒平衡、向我們的目標邁進、在面對不斷變化的挑戰時保持靈活，以及對前景保持正向積極。缺乏認知控制的話，以上各項都會受到影響。基本上，有認知控制才有自我管理。

再談棉花糖

有關認知控制的最知名測試或許就是「棉花糖實驗」，由心理學家沃爾特．米歇爾（Walter Mischel）擔任史丹佛大學教授時所領導的一個團隊所進行（先跟熟悉這項知名實驗的讀者致歉，但為顧及不熟悉這項重要研究的人，我們還是再說明一下）。[4] 參與實驗的四歲兒童可以選擇現在吃一顆棉花糖，或者等到實驗人員做完其他事，就可以吃到兩顆。十四年後，相較於立刻吃掉棉花糖的人，那些等待（並吃到兩顆）的人與同儕相處更爲融洽，在追求目標時仍能延遲滿足，而且——這一點令研究人員感到意外——高中畢業時的成就測驗表現好很多。[5]

更棒的是，這項帶來人生成功的工具是可以學習的；四歲時認知控制不佳的兒童，若在八歲時習得這項心理能力，所獲得的好處跟那些一直都可以做到的人是一樣的。認知控制更佳的中年級生獲得的成績優於他們的智商所預測，這可能是因爲他們的教師打成績時不只依據考試分數，還同時考量到課堂參與度、出席率、是否完成家庭作業與用功等因素，而這些都是非智商的技能。[6]

童年時期認知控制的益處似乎會延續到整個人生。追蹤到他們的三十幾歲，和那些在四歲時忍住衝動的人相比，那些忍不住吃掉棉花糖的人比較少有穩健的財務，身體健康也比較差。更驚人的是，四歲時等待吃兩顆棉花糖的人（或者在八歲時習得這項能力的人），可預測其在大約四十年後的生理老化較爲緩慢，大腦也比較年輕。[7] 據研究，成年人的認知控制與他們原生家庭的富裕程度及其童年智商無關。

好消息是：精進這項心理技能永不嫌晚。每一次你控制自己的衝動、等候更好的選擇，你都在強化認知控制的大腦迴路。舉例來說，這種增進自我控制的策略是成癮治療的核心，包括酗酒、暴食與衝動性賭博。憤怒管理治療也使用相同方法，就算只是數到十、再對憤怒或恐懼等引發衝動的情緒做出回應，也具有相同的暫停作用。

假如你童年時不熟悉這項技能，但設法在往後歲月取得更多認知控制，這種轉變也能提升你老年時的生理、財務與社交狀況——你可能活得更久、更健康，勝過較爲衝動的同齡者。

認知控制在其他許多方面也很重要，例如，根據對於一萬六千八百零六名成人的研究統合分析，在成人身上，認知控制不佳似乎是晚年憂鬱症的一項神經特徵。[8] 認知控制較佳的人，其前額葉皮質功能更加完善，有助於做出設想更爲周密的決定，而不是陷入導致成癮等問題的衝動（這類問題都是認知控制欠佳的跡象）。一般而言，我們的思緒愈常飄移到讓我們不安的事——也就是我們東想西想、煩惱擔心——便愈容易產生全面爆發的情緒問題，像是焦慮症。[9]

另一方面，無論是商業、運動、藝術或其他領域，專一心態都有助於優異表現。促進我們最佳狀態的其中一項因素是情緒控制：即便在困境之下，仍能維持情緒平衡及韌性的能力。那種狀態的一個表徵是能靈敏地適應不斷改變的要求。無論什麼事情發生在我們身上，我們的情緒都能保持或恢復正向。當然，巔峰表現也帶給我們愉悅的心情體驗。上述這些都代表一種情緒上的自我掌控，亦即成人版的智慧貓頭鷹。

自律

時間是一九〇五年。一群農奴在俄羅斯樹林深處圍成一個圓圈，警戒著沙皇士兵的蹤影；一旦被發現，他們就會遭士兵當場格殺。圓圈中央，一名十二歲的女孩正朗讀著一份小冊子；與那個地區大多數同齡女孩不同，她在家教的教導下學會閱讀。她敦促他們奮起推翻他們作爲契約奴工爲之服勞役的地主——這場針對沙皇政府的革命以失敗告終。

那名十二歲女孩叫做艾瑪，是丹尼爾的外婆。

她逃出俄羅斯，想方設法來到美國。她的丈夫雅各也是移民，艾瑪在開往費城的船上認識了他，他想當工程師，卻一直沒能力負擔相關教育。丹尼爾的另一對祖父母也是移民；就丹尼爾所知（祖父母在他出生前便已過世），他們沒接受過什麼正式教育。

不過，丹尼爾的父母都在美國出生，如同他們認識的所有移民後裔，孜孜不倦地刻苦學習，投入大把時間在學校課業上，他們那個世代一心追求成就的其他家庭成員也是如此。[10]丹尼爾的母親畢業於芝加哥大學，接著取得史密斯學院（Smith College）的社會工作碩士學位；她的兄弟也在芝大讀書，後來成爲物理學家，最終當上一所國家實驗室的主任。丹尼爾的父親同樣是移民後裔，獲得耶魯大學文獻學高等學位。丹尼爾的父母是典型的貧窮、未受教育的美國移民第二代，他們將好好讀書視爲子女飛黃騰達之路。

比其他小孩更努力、花更多時間讀書，無疑能提高學生的成績平均績點（GPA）。這正是一項關於智商與學校成績的大型統合分析的結果：勤勉認眞——例如在指定作業之外做更多功課——會在學業成績上得到回報，僅略低於高智商的優勢。[11]單純用功讀書的力量解釋了另一項分析結果：智商不是最高的學生只要肯努力，便可取得比那些有認知天賦的同學更好的成績。[12]換句話說，即使你不是班上最聰明的小孩，努力用功也可以拿到高分（雖然高智商讓你不必那麼辛苦就能得到那種成績）。我們不需要同儕審查的研究來證明這點；這是常識。

以情商的角度來看，這種想要成功、比別人更加努力的驅動力就是「成就」（Achieve）的才能。這種能力的背景故事，要從丹尼爾的研究所導師大衛・麥克里蘭與他稱爲「成就動機」（achievement motive）的開創性研究說起。其中對於動機的重視，讓丹尼爾之後將動機列爲情商的五元素之一。不過，如今丹尼爾將我們的自我激勵視爲自我管理的一種，而這組能力包含成就在內。

高成就者的標誌包括強烈專注在他們的目標，明白達成目標所需採取的動作，並且對他們邁向目標的進度評估抱持開放心胸。其中包括了頑強，亦即在挫敗與障礙之下仍堅持朝目標前進。這種成就的動機正是「毅力」（grit）概念的核心，也是賓州大學心理學家安琪拉・達克沃斯（Angela Duckworth）在其研究中探討的成功的驅動力。[13]

毅力需要的是耐性、堅忍和對於目標的熱情，讓我們在形勢變得棘手時也能緊盯遠處的目標。達克沃斯發現，成績優異（反過來說，花最少時間看電視）的高中學生、最不可能從美國西點軍校退學的學員以及拼字比賽冠軍，都擁有毅力這種特質。例如，想在拼字比賽獲勝，需要數年持之以恆的練習。[14]

達克沃斯在擔任七年級生的教師時，初次略窺這種成功動機的威力。如同丹尼爾父母那一輩的移民後裔，她看到那股無論經歷任何困難、都想要有所成就與堅持的強烈動力，讓她的一些學生取得成功，而其他智力相等的學生則陷入苦戰。

毅力讓我們堅韌、自信且勇敢地追求長期目標，儘管一路上偶爾會有挫敗。雖然達克沃斯沒有特別引述麥克里蘭早前有關成就動機的研究，但她的發現呼應了他的論點。例如，麥克里蘭的研究發現，成功的企業家有很高的「成就需求」（Need to Achieve）。同樣地，達克沃斯指出毅力是創造卓越的基礎能力。這類傑出表現背後的共同特徵，可歸結爲持續鎖定你的長期目標——這是讓你實現成就的驅動力。

哈佛的研究團隊進行了「美好工作日」的相關研究，發現最有力的美好因素是朝向你重視的目標跨出一步。[15]這是最佳狀態的一個重要表徵。相反地，在工作最不順利的日子，人們表示感覺事事受阻，這嚴重影響他們的情緒；這種挫敗讓人們感到難過、害怕或沮喪。

年輕人同樣會害怕沒有做好分內工作，他們的工作場所是學校；領先同儕的壓力是他們的主要壓力源。弔詭的是，相較於壓力較小的學校的學生，就讀高成就學校的富裕權貴家庭子弟，其焦慮、憂鬱與各種壓力症狀高出三倍到七倍。[16]

爲什麼？這些學生有超過半數表示，壓力來自父母要求他們在學校要有優異表現。可是那些被點名的父母會說，他們只希望子女有美滿的婚姻、過得快樂健康，並且設法回饋世界。然而，他們的孩子認爲只有擠進窄門才能出人頭地：在學校得到高成就，以進入頂尖大學，希望畢業後能找到高薪工作。

有些兒童治療師認爲這個問題來自於父母稱讚子女成就的方式，他們向子女傳達出的訊息是在學校有好表現才會被疼愛。[17] 父母們同樣備感壓力；在一項調查中，七〇%的父母表示他們因爲子女的課業、社交和情緒等各方面的發展而承受極端壓力。[18]

所以說，如同許多正向特質，強烈的成就動機也可能會做得太過頭。不過，當合理的目標導向與良好的壓力管理相結合，可以帶來另一種優勢。

針對成功企業家等高成就人士的研究，揭示了另一項未來不久將具有高度價值的特質：尋求回饋以求持續進步。具有成就驅動力的人們，樂於藉由確切的指標來評估自己目前做得如何。他們利用那些指標來摸索如何做到更好；他們將學習曲線納入自己的努力計畫之中。

這種成就動力有幾項明確表徵，[19] 其中之一是，高成就人士通常努力達到、甚或超越高標，也就是高於一般的卓越標準。這促使他們尋找用以評估自身表現的指標及意見回饋，總是設法精益求精。他們爲自己設定具挑戰性的目標，冒著一定的風險，同時在達成個人目標與組織目標之間求取平衡。

認知控制在這裡發揮了作用。[20]舉例來說，控制我們的注意力、情緒與衝動，可以讓我們專注在長期目標，不受當天、當週或當年的干擾。毅力需要我們的認知控制——在一定程度上。

雖然心懷目標非常重要，但一個心裡的目標或許並不足夠。美國冒險家柯林．歐布萊迪（Colin O'Brady）完成了「三極挑戰」（北極、南極與珠穆朗瑪峰），目前在訓練運動員「明智地與他們的目標相處」。

他指出：「一旦他們注意到自己陷入過度預演、謀劃或鎖定一項未來的結果，他們便能把自己拉回當下。」[21]他表示，回到當下讓他們多年來的訓練主導局面，摒棄腦中的雜念。

成就能力的另一個表徵是懂得「聰明冒險」。之所以說「聰明」，是因爲冒險的人明白自己具有一項別人未必擁有的特別優勢——例如熟練一項技能。冒險者因此對於所做之事有信心；創業家時常有這種體驗。只不過，那些僅看見風險層面、卻沒看見背後之專業技能的人，或許會覺得那不怎麼聰明。

☀ 正向性，或成長心態

如同情商模型裡的「成就能力」在很大程度上似乎被重新命名爲「毅力」，許多其他情商能力也基於相同理由——新瓶裝舊酒——而重新受到注意。以正向性（positivity）爲例，這項情商能力是指你對自身遭遇、自身能力的發展抱持樂觀態度，並且認爲他人同樣具有進步的能力。

「我可以學習並變得更好」的態度，此種正向性的基本原理，正是史丹佛大學的卡蘿·杜維克（Carol Dweck）所說的「成長心態」（growth mindset）之核心。[22]杜維克認爲，我們對自身能力的看法可能成爲一項自我實現的預言（self-fulfilling prophecy）。如果我們具有僵化的、「定型」（fixed）的心態，我們會將失敗與挫折視爲是因爲天生缺乏才能，於是放棄。

杜維克的成長心態概念結合了成就與正向性等情商能力。她認爲，正面看待自身潛力之上還得結合另一種觀點：將挫折與失敗當作學習機會，而不是煞風景的意外。毅力、或者說成就能力，成長心態、或者說正向性，兩者之間相輔相成，不過亦有所區別。[23]

心理學家早已知道，將挫敗歸咎於我們自身無法改變的缺陷，會導致我們在面對困難時輕言放棄。賓州大學的馬汀・塞利格曼（Martin Seligman）發現這種思維是許多憂鬱個案的成因，他稱之爲「習得性無助」（learned helplessness）。爲逆轉那種想法，塞利格曼協助人們培養正向展望，他稱之爲「習得性樂觀」（learned optimism）。[24]

改變心態，意味著學習用不同方式思考。舉例來說，由定型心態轉變爲成長心態的一個方法，是在侷限性的假設加上「還沒」：「我**還**做不到。」塞利格曼發現的另一個改變心態的方法，是去質疑我們的能力是固定且受限的這種觀念，並提醒自己可以學習及培養新能力。

在成長心態下，你會認爲自己可以從失敗與挫折中學習，培養進一步的能力。這項原則適用於所有地方，從指導運動、養育小孩到教書與商業領域都是；它提供一種堅持下去（毅力）的動機。我們對自身能力以及自己可以做到什麼的信心，爲我們所做之事增添能量，事實上還能開啟通往成功的道路。「我可以做到」的態度與成就能力有加乘效應，共同創造朝向「不斷變好」的內心環境——這是實現任何目標所必需的，尤其當目標是提升你的情商技能的時候。

☀學著做得更好

如今已是一名成功工程師的湯姆，過去在職涯初期面臨嚴厲批評時，曾感到壓力指數爆表。但他總能鎮定自己，專心注意可以從批評當中學到的東西。等到他的交感神經系統冷靜下來，他便能徵詢意見及探討問題的本質。即使是最爲險峻的形勢，我們也能從中學習，只要我們取得實用回饋——與批評，假如言之有物，批評也是一種回饋形式。

正向展望的能力讓你可以看到自己、他人與事情最好的地方，即便遭遇挫敗與障礙也能堅持追求目標。[25]你把握住別人視爲災難的機會，而不是被挫折擊敗。你期待未來會更美好。

擁有正向、成長心態的人覺得挑戰令人興奮，這使得他們比起定型心態者，傾向於更常身處在最佳狀態之中。如果他們遇到挫折或失敗，他們會視爲鍛鍊能力、成長和發展的機會。反之，定型心態的人將失敗當成是對他們能力的批評——他們再一次在人生的測試中不及格。

定型心態者將每一次的能力測試都當成自身價值的評估；他們渴求伴隨表現良好而來的認可。成長心態者則透過不同濾鏡來看待這些挑戰，學習的熱情以及堅信「我可以學著做得更好」推動他們向前進。

如果不搭配其他特質，即便是正向性也會太過頭。已故的英國精神科醫師連恩（R. D. Laing）用「心結」（knot）來形容人們透過綁定在某種合謀中，能因爲忽略不快樂的事實而感到舒適。心結的產生來自於自己及其他人均否認我們不快樂，最終將不快樂保守爲祕密，好讓我們維持大家都很幸福的僞裝。連恩稱之爲「幸福家庭遊戲」，當然這不侷限於家庭，所有組織都有可能發生。

☀ 適應性＝靈敏力

和連恩的「幸福家庭遊戲」一樣，心理學家蘇珊．大衛（Susan David）認爲，無視我們眞正的感受而故作和諧，可能會壓抑潛藏在表面下的不快樂。她的方法認爲不愉快的感受有其重要性，可能指出並未浮現或無法解決的重大問題。

這說明了「親切」和「善意」之間的差別。如果你只是親切，你會盡可能地維持一切和諧——也就是扮演幸福家庭遊戲（或者其他變化形，例如「幸福職場遊戲」）。但是，善意會讓你願意開口說出可能破壞現狀的話，只爲了解決「親切」將之隱藏起來的問題：說出難以啟齒的話，以便解決被強行壓抑下來的困境。這就是情緒靈敏力的一種表徵。

大衛所說的「情緒靈敏力」（emotional agility）與情商能力之中的「適應性」（adaptability）頗爲相似。[26]大衛同時主張**每一種**情緒皆有其用處，都會向我們傳遞訊息，而這種概念至少可以回溯至達爾文。因此，工作效能未必等同快樂的感受——如果你正在檢查試算表或校對文本，嚴肅的心情會比興奮焦躁的心情更有助於挑出細節。

在某些方面，靈敏力與成就能力有所重疊，例如，靈敏力的一個特徵是人們利用自己表現的意見回饋，迅速改變做法以求改善。立即利用回饋也是成就能力的標誌之一。

就情緒能力而言，適應性代表著處理改變時「有彈性」，能夠同時因應多重要求，用新鮮主意或創新手段去適應新情況。這表示你可以持續專注在你的目標，但又能輕易調整達成目標的方法。

「適應性強的領導人可以因應迎面而來的新挑戰，不會因爲突然的改變而陷入停滯，對於領導可能帶來的不確定性泰然自若。」[27]

協助人們進一步培養情商能力的一項課程指出，所謂的適應力需要一種「將改變視爲機會，而不是避而遠之」的心態。[28]「跨出你的舒適圈會是什麼感覺？」這類省思可讓學員準備好採取行動。雷克斯曼就是學員之一，多年來擔任大公司技術主管，身處毒性環境之中，所以他打算找一份新工作。適應力課程令他了解自己對於可能選項的視野太過狹隘，而且，光是想到要換一份新工作便讓他焦慮。他開始注意到，他向自己訴說的故事讓他害怕新的可能性，而在這種更爲開放的心態之下，他心懷更廣泛的可能性，開始透過人脈去尋找機會。

* * *

總結來說，每一項自我管理的能力都建立在自我覺察之上；若是缺乏這項辨識我們當下情緒與想法的基礎能力，我們就無法採取下一步，也就是加以妥善管理。每一項情商的自我管理能力都透過新名稱成爲流行詞彙：正向性成爲「成長心態」；成就成爲「毅力」；適應性則成了「靈敏力」。經由適當學習，我們可以提升每一項能力，例如，將我們的心態調整爲正向，或是擁抱改變以增強適應力。

這些全都有助我們處理生活與工作無可避免會帶來的壓力。

第六章

從倦怠到堅韌

在新冠肺炎（Covid）疫情激增的高峰，護理師艾許莉．哈洛（Ashley Harlow）覺得再也無法在她任職的醫院加護病房工作下去了。壓垮她的最後一根稻草，是看著她的祖母在那兒死去。和其他加護病房的護理師一樣，她是靠著腎上腺素迸發才能繼續工作。但在迸發的效果消褪後，艾許莉感覺整個人被掏空了——她再也無法承受。於是她辭職了。[1]

新冠疫情期間自工作崗位出走的醫療照護人員，每五人就有一人經歷了從持續高壓、情緒耗竭到倦怠過勞的過程。從餐廳員工、倉儲人員到企業高層，壓力與過勞變得前所未有地普遍：一項又一項的調查顯示人們的壓力愈來愈大。[2]一份職業倦怠狀態的年度報告發現，三〇%的受訪者表示在二〇二〇年感受到高度倦怠。二〇二一年該項比率升高到三五%。二〇二二年再度上升到三八%。[3]

壓力會阻礙我們進入最佳狀態，導致倦怠和放棄，更別提健康欠佳、不快樂、飲食過量和過度飲酒等問題。[4]現在大家熟知的壓力所帶來的一系列負面影響，包括了情緒耗竭、表現低落和早逝。

對於我們最佳與最糟狀態造成巨大差異的情商能力，稱爲「情緒自我控制」或「情緒平衡」。[5]我們可以控制強烈的情緒與衝動，即便是在充滿壓力或敵意的環境也不讓它們干擾我們的效能。我們具有韌性，亦即從壓力與煩憂當中恢復的能力。這並不表示要壓抑我們的煩憂情緒，而是加以妥善管理，好讓我們保持頭腦清晰與平靜。在本章，我們不只會細說壓力與倦怠的進程，還會提供數種增強韌性的方法，讓我們恢復重要的內在平衡。

由壓力到倦怠

由壓力到倦怠之路，通常在我們處於持續壓力下展開。例如，一份工作的要求很高，但達成那些需求的資源卻很少，就像哈洛遇到的情況。同樣的倦怠可能發生在任何地方，像是因爲太多小孩而無法負荷的單親父母，或者因爲公司開除其他同事，導致其工作量愈來愈重的經理人。

我們如何評估狀況——我們自己的想法——可能導致雪上加霜。比方說，高到不切實際的自我期望，可能形成一股內在壓力。許多加護病房護理師覺得他們的職責是照護重症病患，其中許多患者可能撐不過去。但是，新冠疫情造成患者人數暴增，往往粉碎了護理師的期望。他們不習慣呼吸器、口罩等基本器材短缺，甚至連病床都不夠用。

如同希臘哲學家愛比克泰德（Epictetus）所說，重要的不是我們發生了什麼事，而是我們如何**回應**。換個方式說，我們承受的壓力有多嚴重，不僅取決於壓力事件，也取決於我們是如何評估壓力的。[6]

重新思考我們的最初評估會有幫助。如果我們將潛在壓力源認知爲一項有害的威脅，那麼我們就需要處理洶湧的情緒。比方說，最初的評估或許是：「我有個項目是明天截止，但進度落後一大截——我麻煩大了！」如此就會導致恐慌與疲憊感。

不過，重新思考情勢可能會帶來對現況的重新定義，像是：「等一下，就算我晚個一兩天，也不至於是世界末日。」這種因應壓力狂潮的方法有許多版本，我們將在本章稍後分享其中數種。這兩種評估在第二步與第三步中幾乎是瞬間產生，且通常是不自覺的。

假如我們持續處在情緒耗竭的狀態，便很容易會產生倦怠。我們的身體構造在因應短暫迸發的強烈壓力之後需要一段恢復期。我們的情緒平衡機制包含了韌性，也就是恢復的能力。但是，如果長時間維持在高壓之下，又沒有恢復的機會，便會逐漸產生倦怠。最初的徵兆之一是情緒耗竭，我們發現很難獲得動力，即使是過去很投入的工作事項。可想而知，我們開始愈來愈討厭我們的工作，甚至是共事的人。以前讓我們開心的事，現在則對其嗤之以鼻。

以曾就讀全國頂尖法學院的康妮為例。[7]她想為弱勢群體服務，想改變這個世界。於是她通過大公司招募人員的面試，在一間社區法律扶助辦公室工作。但是，她的工作需求沒完沒了、幾乎孤立無援，她大多數時間都在打電話、做著不需要法律學位也能做的事，與毫無感恩之意又不說實話的客戶周旋，八個月後她變得憤世嫉俗，準備不幹了。她甚至考慮去檢察官辦公室上班，把她的許多客戶「送進他們應該待的監獄裡。」

這種憤世嫉俗是過勞倦怠的跡象；先前對工作抱持理想主義的人變得看不慣一切，這是壓力—倦怠循環的低點，我們在此可以看到長期後果開始浮現。這可能包括許多身體問題，像是頻繁頭痛、體重增加、腸胃毛病、睡眠品質不佳、心臟病等；舉例來說，工業勞工的倦怠過勞預示著十年後可能出現嚴重心臟問題。[8]壓力亦可能導致免疫系統提早老化。[9]心理方面的後果則包括憂鬱、社交孤立，以及使用藥物或酒精來減緩情緒痛苦。在一項調查之中，四分之三的受訪者表示工作壓力對他們的人際關係造成負面影響，三分之二因工作壓力而無法入睡。[10]

無怪乎倦怠會降低生產力及損害工作品質。[11]其他跡象還包括曠職——索性不上班——及（可以理解地）希望辭職、不在乎組織、對工作不滿意。不容忽視的是，有一六％的人表示他們曾因爲壓力而必須辭職。[12]更別提什麼最佳表現了。

☀ 壓力下的大腦

這種事會發生在你身上嗎？你正在對一群你想留下好印象的人進行重要簡報，但突然間，你的PowerPoint好像故障了。你話說到一半便戛然而止，忙著弄你的筆電，台下一片寂靜，大家都在等你解決那個問題。你的腦筋一片空白——平常你眼睛不用眨一下就能解決的小失誤，現在彷彿難如登天。你感覺自己就要崩潰了；你的手開始顫抖、呼吸急促、脖子直冒汗。你能想到的只有手忙腳亂的自己看起來一定蠢極了。

本書作者之一卡利的妻子黛柏拉就曾發生過類似情況，當時她正在進行視訊簡報。最後還算順利解決——但她甚至在數年後都還記得那個緊張時刻。

那些因爲科技麻煩而慌亂的難忘場景，說明我們的身心在壓力困境之下經歷的許多改變。我們分心恍神、沒有條理、記不住簡單的事情，除了遵從習慣之外，似乎什麼都沒辦法做；更別提解決科技故障了。我們對這些難堪時刻的記憶揮之不去。

腦科學告訴我們，這些壓力發作的徵兆是因爲稱爲兒茶酚胺（catecholamines）的大腦化學物質家族——多巴胺、正腎上腺素（norepinephrine）與腎上腺素（epinephrine）。這些激素會觸發知名的「戰鬥或逃跑」反應，讓我們準備面對緊急狀態：我們的心臟和肌肉增強，消化與免疫系統（及其他系統）慢下來，將能量轉移至短期內需要的地方。在此同時，大腦將控制權交給情緒迴路，而不是前額葉皮質的執行中樞。

弔詭的是，兒茶酚胺亦會增強記憶鞏固（memory consolidation），確保我們記住讓我們不高興的事。這一切無疑能幫助我們的祖先在生命威脅中倖存——但在今日，壓力觸發點引發的相同生物反應往往不合時宜、幫不上忙，尤其是在我們需要前額葉效能來想出最佳回應的時候。

隨著壓力升高，另一種大腦荷爾蒙皮質醇也跟著上升。在壓力高峰，皮質醇也達到最高濃度。皮質醇飆高所造成的壓力徵象，像是呼吸更急促、心跳更快，還有血壓與血糖上升。在生理轉變之下，出現恐懼、焦慮、暴躁或傷心等增強的情緒反應。從心理角度來看，我們會發現很難專心或記住重點——與疲勞相關的心理失誤。

腦科學顯示，焦慮與巔峰表現相剋：一邊升高，另一邊就降低。當我們陷入疲勞，認知能力限縮，我們的表現便大幅下跌。在「情緒劫持」（emotional hijack）高峰期間，我們的注意力固著於所感知到的威脅，而不是我們必須做的事。我們的反應僵化，聽命於反覆習得的反應，而不是現在最該做的。

丹尼爾過去稱這種疲勞時刻爲「杏仁核劫持」（amygdala hijack），但如今他有了不同看法。雖然單純的腦功能觀點認爲是特定大腦區域「造成」一種情緒，但神經科學家會跟你說，疲勞之類的狀態會啟動大規模腦部迴路，而不只是一個神經節點。[13] 舉例而言，當我們說杏仁核擔任大腦的威脅雷達，我們是指杏仁核是一個大型網絡的重要部位，在我們偵測到引起恐懼的事情時，這個網絡便會啟動。[14]

大腦的「警覺網路」（salience network）與恐懼迴路緊密連結，它負責在每時每刻間決定哪些事物與我們最有關聯，並將我們的注意力放在那裡。負責偵測威脅與專注的迴路交織纏繞，導致我們總是將注意力放在那些讓我們感到恐懼的事物。在史前時代，威脅與專注的這種緊密連結，毫無疑問地幫助了人類祖先在危險的世界存活下來，然而到了現代，我們可能時時刻刻感受到「威脅」——我們擔心的事情。此外，我們的擔憂和焦慮源源不絕地導致我們分心，限縮了我們的注意力。

用比較正面的角度來看，參與感和注意力是相輔相成的：對我們而言重要的事情及我們喜歡做的事情，我們會更加注意。要達到最佳狀態則需要我們保持鎮定與頭腦清晰。對於威脅所帶來的壓力，其解藥就是要變得更放鬆，從交感神經的激發狀態切換到身體和大腦的修復模式，即副交感神經。這種生理轉變必須仰賴情緒平衡，也就是妥善管理我們情緒的關鍵。

雖然皮質醇是一種感受到壓力時會釋放的化學物質，但是它在濃度較低的時候對我們是有幫助的——舉例來說，它會在早晨啟動我們的生理時鐘，給予我們這一天所需要的心理能量。當我們遭受到心理方面的困難，皮質醇讓我們有能力面對挑戰。適當程度的皮質醇讓我們可以保持在最佳狀態，哼著歌、帶著愉快的心情，輕鬆地一項一項解決待辦的困難任務。

一位大學教師表示亢奮或緊張「有時是好事」，並補充道：「我的生活就是截止期限的無限循環。文章的截稿日卽將到來，或者一堂課正要開始時，我會體驗到更加高漲、強烈的情緒；等我完成之後，那股能量又會冷靜下來，並且放鬆。我認爲我們可受惠於那種壓力與放鬆的循環，它讓我們擁有優勢。」[15]

像這類神經系統的激發，有時會稱爲「良性壓力」（eustress），讓我們持續前進，準備好面對卽將迎來的挑戰。從生物學的觀點來看，這種逐漸增長的動員反應，源自於大腦荷爾蒙皮質醇分泌的增加。皮質醇的濃度在清晨開始上升，讓我們準備迎接新的一天。

當我們感到現在有自己喜歡的工作要做，皮質醇便會提醒我們的大腦待命以完成工作。大多數人的最佳狀態都出現在皮質醇幫助我們準備好應對挑戰的時候。不過，一旦皮質醇超過最適濃度、持續不斷上升（此時另一種壓力荷爾蒙腎上腺素也開始上升），我們就會遭受到一般常說的「壓力」，不好的那種。

那位聲稱面臨挑戰會讓自己能量充沛的大學教師進一步指出，過於嚴重的焦慮則對我們無益，「我們愈焦慮、愈警覺，就愈容易招致災難」，她承認道，並提及頂尖體操選手西蒙・拜爾斯（Simone Biles）「在奧運賽事中感到極度焦慮，並領悟到如果讓自己持續保持在那種狀態會有多麼危險」，於是選擇從二〇二二年北京奧運退賽。

我們會將壓力與焦慮之類的負面情緒聯想在一起，但就像之前提過的，每一種情緒都有其用途。例如，沙洛維與梅爾的團隊時常引述，研究證實傷心難過可以讓人在需要細心的工作中提高準確度。[16]在相關資訊來自於狹窄區間的那些情況下——像是校對文本或計算稅務——此時，使我們處於較嚴肅心態的負面情緒會較有優勢。

正面情緒傾向於讓我們接收較爲廣泛的資訊、加強認知效率；負面情緒則是導致接收區間縮窄。這或許是爲什麼我們在心情好的時候更善於解決日常問題與挑戰。「如果資訊來自多個不同來源，」威斯康辛大學神經科學家理查・戴維森（Richard Davidson）告訴我們，則「正面情緒能增強」我們的認知表現。而我們生活裡的挑戰一般都具有這種複雜性。

心情好、保持正面的情緒，能帶來意想不到的好處。心情好並不會讓我們得意自滿（所謂「心寬體胖」的人生理論），反而會讓人們更願意採取行動，去解決諸如全球暖化這類的大型議題。[17]

☀ 壓力的來源有哪些？

最普遍的職場壓力來源或許是：要做的事太多、得到的報酬太少。奇怪的是，工作量過多雖然是最常見的一種壓力來源，卻並非只會帶來負面影響——工作量**太少**有時候比工作量太多還要更糟糕。在某項針對職場的調查中，七九%的受訪者表示工作量不足比工作量太多更讓人有壓力。七四%的受訪者表示如果薪水能提高的話，他們很樂意接手更多工作。

然而，重要的不僅是薪水而已，人們也常認爲沒獲得應有的身分地位、賞識或感謝。更糟糕的是沒有獲得內在獎賞（intrinsic rewards），也就是覺得自己的一切努力都沒有意義。[18]舉例來說，一位幾乎沒有機會經手眞正法律相關工作的律師，大多數時間都花在打電話、處理文件等這類他認爲平凡單調的事務上，則他已具備陷入倦怠的充分可能性。

不公平待遇也是另一種壓力來源。假設有一位年輕女性比團隊中的每一名男性成員都還要更聰明，但是，每當她在會議上試圖提供意見時總是被忽略，甚至更讓人挫折的是，幾分鐘後有一名男性成員提出了相同的意見，而團隊熱情地給予回應。這裡展現的性別歧視就是不公平待遇的典型，很容易讓那位女性感到憤怒與痛苦。如果這樣的不公平待遇一直持續下去，她就很有可能會陷入倦怠。

這樣的偏差待遇在職場上可能會以許多不同的形式出現，比如誰升官了但誰沒有、薪水的分配方式，甚至還有誰受到紀律處分、誰可以倖免。二〇一九年一項針對美國人的調查，詢問過去這一個月的壓力來源是什麼，二五%受訪者的回答是遭到區別對待。二〇二一年爬升到三二%，二〇二二年維持在二八%，但仍然很高。[19]

一旦牽扯到負面刻板印象，偏差待遇所造成的壓力就會倍增。舉例來說，有一群自願參加實驗的女性在實驗當中要回答數學問題，其中一部分人事先接收了女性不擅長數學的這種常見刻板印象。[20]這種「刻板印象威脅」（stereotype threat）會讓她們分心，產生自己會表現不好之類的想法——然後落實這個自我實現預言。

這樣的刻板印象威脅，已證實會對任何群體當中的相關成員造成強力的負面影響。[21]

第三種主要的壓力來源是來自內心——一種隱藏的恐懼，害怕自己缺乏良好表現所需的條件。這種害怕會失敗的恐懼，常出現在剛踏入新職位或接手新任務，並且隱約覺得自己能力不足的時候。我們的身分認同和自我價值，與我們是否扮演好自己的重要角色有著強烈的連結，無論是在職場、家庭，還是在生活中某個我們很重視的領域。舉例來說，沒有家庭生活的專業人士，通常會根據自己在事業上的表現來決定自我價值，所以會對自己的職場表現定下更高的期望。

當卡利對開始從事某項工作未滿一年的專業人士進行採訪時，他發現大部分人都會擔憂自身能力是否符合期望。這一點都不令人意外，但是，十二年之後，他的研究團隊發現有許多專業人士依然會擔心自己做得不夠好。一位資深高中教師承認：「我還是會做惡夢，夢到我叫全班學生做某件事，但他們全都盯著我說『不要！』這樣的焦慮仍然很嚴重。」

一旦碰上完美主義，這種自我施加的壓力就會放大。期望自己每一次都要達到某個目標，會造成巨大的壓力。就像我們應該持續進入心流狀態的理想一樣，這種想法在工作壓力之外製造了內在壓力。在期望自己必須啟發每一位學生的新手教師，或者只要打輸官司就會強烈譴責自己的新手律師身上，都能看見這種情況。

☀ 通往韌性之路

想像有一位在波士頓醫院工作的護理師，在新冠肺炎巔峰期，她必須長時間待在加護病房。她覺得這實在太令人心碎了——她面對的是最痛苦的患者，而且眼見許多患者過世，這份工作讓她心情非常糟糕。

但是，她下定決心，不讓這件事影響到自己的身心健康。她提早起床，用長跑來開啟每一天。她盡其所能地邀請親近朋友一起舉辦線上視訊聚會，在聚會當中不去談論每天發生的事情，而是聊聊有趣的回憶，或者未來能夠再度自由外出時有什麼期待的事。她每天都冥想。她打電話給許久未見的家人，重新建立起聯繫。她感覺自己在散播歡樂。

這位護理師設法找到她的情緒平衡，這種能力尤其可以讓我們減輕壓力所造成的摧殘。如同採訪她如何找到這種情緒平衡的波雅齊斯教授所說，儘管她在工作日承受著巨大壓力，「她卻是精神奕奕。」

有許多方式可以在壓力下找回情緒平衡，以下是其中數種：

尋找意義。目的感有助於減緩壓力，因爲在更爲深遠的目的感之下，我們能夠重新評估負面的人生事件。一項針對數千名中年以上男女的調查發現，擁有人生目的的人比較不會陷入憂愁，或陷入對挫折、失去和失敗的反覆芻思，並且更快恢復內在均衡。[22]

即使壓力爆表，仍專注在手邊的任務。每日練習冥想——無論是「正念」或其他種類——會有所幫助。如果我們心煩意亂，大量研究顯示這些心靈練習可減輕我們的壓力反應，使我們更為堅韌，也更快復原。[23]

管理工作與家庭之間的拉鋸戰。凡是有家庭的人都明白，家庭需求可能與工作需求發生衝突。[24]工作與我們的生活之間總是存在某種緊張關係。完全滿足其中一方的需求，通常意味著忽略另一方的需求；大多數人會發現，永遠都充分滿足所有需求是不可能的。

設想有一位撫養兩個小孩的單親媽媽。她必須工作養家，但是，去工作意味著她無法如她所願地陪伴兒子們。那就是壓力。

另一方面，如果你夠幸運，有時候家庭生活可以減輕工作壓力，而不是增加壓力。例如，一名教師和一名擔任大型跨國企業中階經理人的男人結婚，他對於升職沒有太大野心，並且十分支持老婆的教學生涯，不僅扛起許多家務，還會體貼地聽她訴說在學校糟糕的一天。

做出你可以做到的改變。「賜我寧靜，去接受無法改變的事；賜我勇氣，去改變可以改變的事；賜我智慧，以分辨二者的不同。」這是神學家萊茵霍德．尼布爾（Reinhold Niebuhr）的〈寧靜禱文〉。這段話極其適用於我們如何因應壓力。有時候，我們好好處理自己的反應，便能好好因應壓力（假如壓力源是我們無法改變之事），又或者，可以爭取延期或尋求協助來改變令人憂慮的截止期限。

韌性的展現有時包括某種中途修正，例如更換職涯跑道或換工作。一位覺得工作壓力太大的律師利用空餘時間回到學校進修，取得都市計畫碩士，並在一座大城市的規劃部門找到工作。這不是她職涯之初所希望的發展，卻比她前一份工作更具酬賞性。

或者，調整工作方式也可以幫助我們找回韌性。以查爾斯來說，他是一家食品批發商的總裁，一直以來都很討厭跟某名客戶碰面，後者似乎總是知道如何惹怒查爾斯。有一年，他派手下一名高階主管去會晤那名客戶，而不是親自前往。問題迎刃而解。查爾斯避免了壓力，那名高層主管則成功帶回新合約。

找到控制感。教學生涯的第一年結束時，尤吉妮亞．巴頓已加入無比倦怠的教師之列。回顧那一年，她說：「我還以為我已經死了，現在人在地獄！」結果十二年過去了，她還待在同一間學校，而且韌性十足。她指出自己的職位所具有的自主性，她表示：「我喜歡其中的獨立性。我們可以咕噥著抱怨校長、學區主管和各種教育委員會。但是等你關起門來，就完全是獨立自主的……而我喜歡那樣。」

休息一下。研究顯示，人體只能承受一定程度的壓力或最後期限的緊張感。我們必須適時讓自己休息一下，什麼都不做，單純享受生活。

這是我們協會成員波雅齊斯對於生活壓力的常見來源及復原方法的科學研究，進行一番徹底搜索之後所得出的心得。[25] 歸根究柢，壓力與復原的生理機制在於壓力如何影響交感神經系統，這個神經系統是透過我們身體新陳代謝轉換戰鬥—逃跑—僵住模式，協助我們從緊急事件中倖存下來。

若是這個激發系統沒完沒了地啟動，應付一個又一個的危機——**寶寶生病了！車子發不動了！我要錯過那個重要會議了！**——我們就會瀕臨情緒耗竭。如果這種壓力讓我們幾乎沒有復原的時間，我們會疲憊不堪。倘若長期持續下去，就會變成倦怠。

不過，波雅齊斯發現，有一個簡單方法可以對抗這種惡性的下坡趨勢：用復原時段來調劑我們每週與每天之間的生活步調。如此可以啟動副交感神經系統，亦即身體的恢復及修復模式。復原的活動可以很簡單，像是到大自然散步、跟好朋友談心，或者與寵物相處。一位肩負高壓工作的高階主管告訴我們：「跟家裡的貓咪玩救了我一命。」

波雅齊斯與丹尼爾合作設計了一項簡單的自我評估，讓你判斷生活裡的壓力—復原比率。[26]這項評估列出了經過充分研究的自我復原方法，你可以從中選擇，安插到生活之中，以找到平衡。至於減輕壓力本身，則有一項特定的工具：情緒平衡。

深呼吸。呼吸反映出我們的自主神經激發（autonomic arousal）狀態：處於戰鬥或逃跑模式時，呼吸是急速且短淺的，處在復原模式則是深沉而緩慢的（用技術名詞來說，分別是交感與副交感神經系統的激發）。我們可以藉由深呼吸，從壓力狀態轉換到較爲放鬆的模式——至少暫時有效。有時，你可以採用四—四—四的節奏：深吸一口氣到下腹，直到腹部鼓起，然後數到四（或者在你覺得舒適的狀態下撐更久一些）。停住呼吸，數到四，覺得舒適的話撐久一些，然後慢慢吐氣，數到四或更久。重複數次以達到最佳效果。這是讓人在當下找到更多心理韌性的快速卽時方法。

感謝。將負面想法（比如情緒耗竭所導致的忿忿不平）轉變得較爲正面的一個方法，是刻意想起自己感謝的人，或者處境裡值得感激的某些層面。這種方法的版本之一，是每天記下自己生活裡感恩的三個人或三件事，壓力程度就會下降。[27]

自我聚焦：缺失了什麼

生活與工作的壓力源無所不在，我們無法避免。由於壓力會啟動某些大腦區域，讓我們無法專注在手邊任務，也就毫無效能可言。壓力似乎是我們最佳狀態的敵人。

但我們並非無能爲力；有許多方法能夠讓我們更妥善地應付生活無可避免的壓力。像是如果可以的話，試著改變情況、抱持較爲正面的心態、調整生理狀態以增加韌性，選項有很多。我們未必注定要成爲犧牲者。

情緒平衡——或稱爲「抗壓韌性」——以及其他自我管理能力，是邁向高效能、職涯成功或「致勝」的關鍵成分。但是，這些就足夠了嗎？自戀者——完全自我中心的人——或許會將這些能力視爲實現個人成就的手段。我們認爲，這些通往個人成功的路徑，未必能讓你懂得關心他人、成爲團隊資產，或是全心擁抱更大的組織目標。

自我覺察與自我管理的能力讓我們更能掌控自己，卻不足以增進我們的人際關係。即便你自身成績斐然，也未必代表你會關心他人或擁有惻隱之心；更別說成爲他人樂於共事或相處的人、提出能夠引起共鳴的願景與目標的人，或是幫助別人進一步培養強項、提升他們效能的人。

將目標放遠，超脫你的個人成功，可開啟通往更佳人際關係的道路，成爲有價値的團隊成員，也成爲你的社群或組織的資產。這一切都始於同理心。

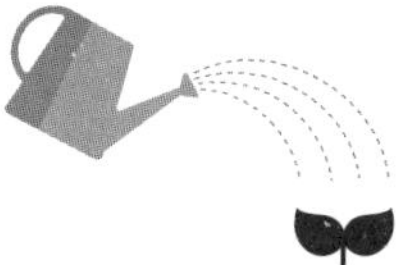

第七章 同理心

一名三歲幼兒接起電話，她的阿姨問：「妳現在在做什麼？」她回答：「我在玩**這個**。」

「這個」是她的洋娃娃，這名幼兒並不明白她的阿姨無法得知「這個」是什麼東西。理由是：在三歲的年紀，她尚未發展出心理學家所說的「心智理論」（theory of mind）能力，也就是知道別人感受或想法的能力。等到五歲，大多數孩童都已具備這種感受他人想法的能力。

了解別人心裡在想些什麼，是我們社交世界的一項重要技能，能讓我們的人際互動更加順暢。我們不斷推測他人的體驗，將我們的猜測迂迴地運用到互動當中。

知道別人在想些什麼，是**認知同理心**（cognitive empathy）的關鍵元素，有三種同理心可讓我們更理解周遭他人、擁有更高的情商，認知同理心就是其中一種。這三種主要同理心位在大腦不同的神經迴路。[1]

認知同理心大致上位於思想腦，也就是新皮質，讓我們得知他人想法與看清當下情況。我們可以解讀別人的看法，剖析他們的心態以理解他們的語言，俾以準確傳達我們的訊息。這表示我們可以成爲高效溝通者。

這種有效溝通的概念可說歷史悠久，例如，許多文化傳統數世紀以來都讚頌著能夠理解特定人士想法，以及用能引起共鳴的方式與人們溝通的能力。[2]

情緒同理心（emotional empathy）則主要位於大腦的情緒迴路，讓我們立即明白他人的感受，因爲我們感同身受。情緒同理心依賴「腦對腦」的連結，意即一個人的情緒迴路與另一人產生共鳴。情緒同理心可說又快又有力——我們立刻感受到身邊的人是喜悅或悲傷。不過這有一種危險，就是我們可能被別人的毒性狀態所淹沒，例如恐慌、憤怒，進而引起同理愁苦（empathy distress）。這種同理心造成的病理狀況可能在照護等工作上構成嚴重問題，因爲持續接觸爲病所苦的病患而導致倦怠及辭職。

情緒同理心透過各種非語言管道讓我們感受他人情緒，像是臉部表情、語氣及姿勢。

這種情緒細節對一個人的言語賦予特定意義，我們藉由情緒同理心便可接收到。我們的前腦有許多迴路是用來與我們互動之人的大腦產生自動、即時且無意識的連結——一座情緒溝通的橋梁。知道對方每時每刻的感受，讓我們更能準確地發言及行動。

丹尼爾有次在一場大型行銷年會上演說，他指出，得藉由認知及情緒同理心才能打造出強而有力的行銷訊息。台下傳出不安的笑聲，因爲他接著表示，第三種同理心意味著這種訊息不完全是基於私利（或基於某個品牌市占率）的考量，同時也要顧及受衆的最佳利益。

關懷很重要

有一次，宅配服務公司將丹尼爾妻子訂購的日用品放在某間優比速（ＵＰＳ）門市，而不是送到家裡，這令她很不高興。貨品之中有一些當天晚餐要用的重要食材，所以她打電話到那家宅配公司的客戶服務專線。從電話接通的那一刻起，她的心情就愈來愈好。

舉例來說，客服人員立即讓她感覺他會幫助她。雖然她剛開始很煩躁，客服人員仍保持冷靜，認眞聽她說話。他立刻就明白了問題，也同意貨品根本不應該送到優比速門市。

他能理解她的煩躁感。他不僅重新將她的訂單安排運送到正確地址，還送她禮券作爲補償。

丹尼爾的妻子打電話時還怒氣沖沖，掛電話時卻眉開眼笑。事前讓她心情低落的狀況，事後卻讓她很開心——而且希望有更多人都像那位客服人員一樣。

那名客服人員極富同理心，包括認知上與情感上的，但更加令人動容的是：他明顯站在她這邊。

第三種同理心意味著**關心**你所溝通的對象。這種同理心讓你開啟惻隱之心，設想別人的最佳利益，而不只是你自己的。每一種主要宗教都在推廣這種關懷，無論是以「慈善」、「慈悲」（kindness）或憐憫（compassion）爲名義。達賴喇嘛曾說「我的宗教是慈悲」，並認爲強調關愛是所有靈性傳統所共通的。

除了宗教，這種關心在科學界稱爲「同理關懷」（empathic concern），意思是關心別人。[3]我們不只了解他人的想法與感受，同時也關心他們的福祉。這種關懷似乎與父母對子女的愛是相同的迴路，是無私、憐憫的情感基礎。情商在初期被批評說這種概念缺乏道德層面；同理關懷正可駁斥那種批判，把關懷他人不偏不倚地放在情商領域裡。

展現關懷對我們生活的各個層面都很重要，從我們最親密的關係到做生意的場域。企業界人士對於關懷特質似乎有一股不爲人知的渴求。「情商課程在我們這裡大受歡迎，」任職於全球最大零售商之一的經理人表示，「那是我們公司第一次聽到有人使用『憐憫』這個詞。」

如同我們會愛著一個使性子的四歲小孩（雖然不喜歡她的行爲，我們仍然愛這個孩子），研究顯示，同理關懷讓我們在接收人們的痛苦時仍能保持對他們的愛，我們便會陪伴他們，而非轉過身去。這可以化解「同理愁苦」，同理愁苦會讓人們爲了緩解自己的不安而從他人的痛苦抽身。與他人的痛苦同在，讓我們可以採取下一步，也就是具有惻隱之心的舉動。我們因而變得慈悲，不只是鎮靜與明理而已——這種同理心正是我們希望在伴侶或配偶、老闆、朋友及我們所愛之人身上見到的。

以一種能力來說，同理心是指可以感受別人的情感及看法，並且眞心關懷他們的福祉。[4]這表示你經由非語言線索了解到他人沒有說出口的情感與想法，反過來說，這表示你必須細心聆聽與觀察。

在這種非語言線索的細緻觀察方面，若有世界冠軍，非心理學家保羅．艾克曼（Paul Ekman）莫屬。艾克曼花了一年時間觀察鏡中的自己，才熟練地自主控制臉部所有的兩百多條肌肉，由下巴、前額到兩邊耳朵。在他嫻熟自我控制的技藝後，他編製了人類六大情感的臉部肌肉動作模式：恐懼、驚訝、憤怒、悲傷、喜悅與厭惡。

這成爲面部表情辨識系統（Facial Action Coding System，簡稱FACS）的基礎，研究員用這個方法判讀一個人臉部在特定時刻的表情（這套系統亦應用於動畫，給予動畫角色臉部表情）。例如，我們感到有壓力或擔憂時，眉頭間的肌肉緊縮；當我們眞心微笑，會形成雙眼魚尾紋的肌肉緊縮。

新冠疫情期間，大多數人戴口罩以避免感染新冠病毒，麥基爾大學注意力與社會認同實驗室的研究人員得以利用這項技術，評估穿戴口罩對同理心準確性的影響。[5]爲防範新冠病毒而廣泛配戴的口罩遮住下半臉，讓觀者看不見某些情感會使用到的臉部肌肉。相對地，恐懼和悲傷主要是造成眼部周圍肌肉變化，所以看得清楚。憤怒與驚訝則同時動用到臉部最高與最低部位的肌肉。

我們透過臉部肌肉張力模式的變化來解讀所反映的情緒——而我們辨識他人感受的能力，很大程度取決於我們能否正確解讀這些臉部表情。不過，如果口罩遮住另一個人的臉，情況便理所當然地改觀了。麥基爾大學的研究發現，口罩導致辨認情緒的準確度下降了四分之一。辨認厭惡的準確度下降四六％；憤怒辨識度下跌三〇％；悲傷辨識度降低二三％。另一方面，恐懼、警訝與快樂辨識度受影響的程度最低。

☀同理心的應用

神經外科醫師派崔克・考德（Patrick Codd）沒有料想到，在急診室擔任住院醫師期間必須治療那麼多腦部嚴重受傷的病患——一個接一個永遠不會復原的病人，其中有太多人難逃一死。不只有他這樣覺得：他時而看到其他住院醫生在樓梯間默默垂淚。

不過，我們有內建的逃避機制：「迴避痛苦，」考德醫師表示，「這種自我防衛機制已經融入到神經外科的本質之中。」[6]不只是神經外科：研究發現，醫師與其他人不同，能夠啟動腦部的一個神經節點，鈍化對他人痛苦的同理心，從而實行一種抽離式關懷。這種機制讓醫師可以在急診室或手術時不畏縮地面對病患的生理痛苦。[7]

正如醫學所發現的，抑制對他人痛苦的反應有其實際用途——這種抽離他人痛苦、專注於協助他人的能力，在急診室與開刀房都不可或缺。但是，如果對他人苦痛的漠不關心延伸到工作之外，你便喪失了同理關懷的能力。你變得冷漠，對身邊所有人的苦惱煩憂都無動於衷，包括你最愛的人在內。

考德醫師（後來成爲杜克大學醫學中心神經外科醫師）認爲，這種冷漠態度的一種解藥是協助住院醫生面對自己的情感痛苦，例如必須宣告病人死亡，或是他們做出不良醫療決策所帶來的煎熬。他爲住院醫生創建每月一次的例會，讓他們彼此抒發波瀾起伏的情緒。

第一次月會開始時，考德醫生以爲沒有人會來。可是，所有的住院醫生都來了。剛去新診所看完醫生的一個朋友轉述，那名醫師跟他說：「我會知無不言。換成是我坐在你的位子上，我也會想知道。」

「當你感覺他們關心你，」這位朋友表示，簡直有天壤之別。然後他用滿足的口吻加上一句：「他們有同理心。」

同理心在醫界可以提升病患聽從醫師囑咐的機率，並提高患者的滿意度。舉例來說，住院醫生若是受過同理心訓練——標準醫學院課程之外的非常規附加訓練——他們的病患會將他們評價爲更加用心關懷。8

上述住院醫生的同理心訓練是由海倫．萊斯（Helen Riess）所設計，她是組織ＥＱ研究協會的成員，也是哈佛醫學院的精神科專家。住院醫生被鼓勵與患者進行眼神接觸，研讀病人的面部表情以辨認情緒（並盡量在醫生自己臉上反映出那種表情），悉心且不帶批判地傾聽。更好的是：說出病人的感受，用安撫的語氣、體諒的態度予以回應。

這對父母及領導人來說也是好建議。同理心是我們希望在我們所愛之人身上看到的特質，包括我們的配偶、朋友和家人，以及我們固定花時間相處的人，例如職場同事。

☀為什麼同理心很重要

一家科技公司的顧問部門有名優秀員工，他們卻從不允許他與客戶互動。理由很簡單：雖然他可以分析他們的問題，但卻無法建立連結。閒聊對他來說是不可能的任務；事實上，他完全無法理解客戶的心情——他從不過問他們的事、他們對問題的看法等。他只會丟出自己眼中的解決方案——然後讓客戶大爲不滿。那名顧問缺乏同理心，也就是體會他人感受、看見他人的世界與所關心事物的能力。

「人們會嘗試說服你，」蘋果公司執行長提姆．庫克（Tim Cook）在一次麻省理工學院畢業演說上表示，「說你不應該把同理心帶進職場。千萬別接受這種錯誤前提。」庫克不是唯一重視企業界同理心的人；在一項調查中，超過八〇%的執行長都認爲同理心對於職場中的合作、韌性與士氣來說無比重要。[9]

史丹佛大學的賈米爾·薩奇（Jamil Zaki）認爲，惡性競爭的企業文化是邁向失敗的配方，鼓勵同理心才能促進成功。[10]他向學生強調，同理心是一種可以提升的技能，而不是固有的特質，他也提出一些培養同理心的方法。史丹佛與哈佛的研究人員發現，最有力的方法之一是樹立楷模；他們發現，慷慨與仁慈是有感染力的，能設定爲供他人遵循的社會常規。[11]當領導人重視這些楷模，這種常規便會更快速地擴散，在企業文化中更加根深柢固。《富比士》雜誌聲稱：「根據研究，同理心是最重要的領導能力。」[12]富有同理心的企業文化有一系列的優勢，包括促進創新、提升參與度、留住人才、更具包容性，甚至帶來更好的工作／生活平衡。

組織ＥＱ研究協會的成員茹絲·馬洛伊（Ruth Malloy）爲領導力諮詢公司史賓沙（Spencer Stuart）評估各間全球性企業的高層主管，她說道，每一名成功的高階主管都需要「成就」能力才能達到他們既有的位置。但是，當他們領導別人時，需要在成就動機中調和另一種領導能力：同理心的關懷面向。

若是缺乏關懷，這些高成就的領導人或許可以取得短期佳績，但長期而言他們將掏空組織的人力資本。[13]「有能力、表現傑出的人會心生不滿，」馬洛伊表示，「他們會另謀高就；只有平庸的人留下來。」

感覺到有人鼓勵、安慰或用其他方式認可你的感受，對你的情緒將產生正面影響。一項哈佛研究發現，這或許對你個人生活裡的一些困擾有幫助，或是讓你覺得跟某個人在一起很開心。[14]人們以某種方式合作時，往往會帶來好心情。事實上，該研究發現，只要是和你喜歡的人在一起便能提振心情也與此有關。

有憐憫心的人就是最先從中受益的人；在一項針對人們連續記錄多日的心情日記所做的研究中，這項原則清楚地顯現出來。做個溫暖的人不僅可以激勵他人、讓他人獲得滋潤——鼓舞的話語、讚美等——而且，比起未能付出者，還能得到相對更好的績效評估以及更快升遷。[15]相反地，在工作上粗魯無禮，則不令人意外地造成表現欠佳、合作減少、客戶體驗差勁，以及讓更多人辭職。

☀ 沒有同理心的服務

某一天，丹尼爾將車送到一家本地汽車經銷商去維修。他被請到一名「服務顧問」那裡，但那個人實際上沒有顧到他，也沒回答問題，根本連看都不看他一眼，便離開座位去忙，既沒說明原因，也沒說要離開多久。

丹尼爾坐著枯等一段很長的時間之後，那名顧問回來了，馬上就盯著電腦螢幕看，仍舊沒跟丹尼爾講一句話，彷彿眼前沒有這個人。

此外，當時正值新冠疫情高峰，他的辦公室門口掛著牌子寫說入內請戴口罩。那個人自己卻將口罩扯下來掛在嘴邊，鼻子直接露在外面。

總的來說，這是一次差勁至極的體驗。假如丹尼爾習慣在Yelp或類似的app評論商家，這家經銷商會得到最低評價。而在競爭激烈的世界裡，那些評價有其影響。在這個人們不斷評論他人的時代，抱持同理心有其務實理由。如同一位聞名世界的高階主管教練向一名身為執行長的客戶所說的，如果你有同理心，「你會得到更好的評價。」儘管如此，當收集客戶反應的數位資料成為廣為流行的方法，客戶的個人體驗卻被忽略了，從而缺乏具同理心的理解。

社會常規正在轉變。沒多久之前，企業高層主管（或是教師、運動教練、神職人員——或者任何手握權力的人）的一些舉動或許能得到豁免權，但在今日則會受到公眾譴責，甚至會鋃鐺入獄。社群媒體評價「向上」擴散，也就是無權勢者可以公開評論有權勢者，社會標準因而改變。

這些使得擁有同理心——亦即感受他人看法、情緒與他們最佳利益的能力——產生實際的理由。況且，只對我們自己好，可能造成自私自利，而同理心與關懷別人正是解藥。同理心鼓勵我們發揮情商，謀求更多人的福祉。

☀ 關懷的常規

一間家用品公司最近進行了高層人事異動，新主管們在董事會大力推動削減成本。在一個部門會議上，該部門主管駁斥用團體腦力激盪來尋找削減成本的方法的提議；反之，他向他的團隊施壓，要他們想辦法粉飾業績，即便是要膨脹他們的績效數據也在所不惜。

雖然沒有人大聲抗議，但每個人都感覺遭到背叛——不僅是他們的意見不被當成一回事，他們的主管也不值得尊敬。他們覺得不能再信任他。士氣一片低落，甚至有種絕望的氣氛。

上司對部屬的行動可能造成毀滅性影響，如同這個家用品公司團隊所發生的。同理心對人際關係具有直接的影響，不論好壞。[16]其背後有一個強而有力的理由：我們的情緒迴路讓我們可以感受身邊之人的情緒，尤其是比我們更有權勢的人。那種腦與腦之間的人際連結，就像水能載舟，亦能覆舟。情緒具有傳染力，這是多年來的研究所證實的。[17]

忠告或鼓勵的話語有時可以協助我們進入或保持在最佳狀態，而輕率的批評則可能毀掉我們。全心與他人同在是和睦關係的第一步——特別是要讓他人感覺自己被看見與受到關心的時候，更是不可或缺。

舉例來說，壓垮急診室護理師桃樂絲的最後一根稻草，是那一天她用急救裝置每兩秒鐘手動擠壓泵浦，將空氣打進病人衰竭的肺部，讓病人多活了四十分鐘。那些寶貴的分秒讓家屬有時間做最後的告別。她擠壓泵浦的四十分鐘之間，手都磨出水泡了，可是家屬非但不感謝，反而質疑醫院是否有竭盡全力搶救。[18]

另一方面，研究顯示，提升一個人的同理關懷，會讓人更可能盡己所能去幫助有需要的人——捐款、在擁擠的房間讓座給拄枴杖的人，諸如此類。採取憐憫關懷這最後一步——以實際行動去幫助別人——需要啟動單純的關懷之外的腦迴路。這種超出自我幫助之外、去幫助別人的額外努力，已能觀察到相應的腦部活動提升。[19]舉例而言，這種額外的神經作用可能決定一個人是否採取行動以保護環境、幫助有需求的人，無論只是幫他們擋住門或拿一條毛毯給無家者。

提升同理心

培養關懷心態：提升同理關懷的一個方式就是擴展「關懷圈」（circle of caring）。這項心理練習的進行方式是，先回想一位在生命中對自己很親切友善的人，可能是某位人生導師或照顧者，並祝福那個人安全、快樂、健康、人生一帆風順。接下來，同樣地祝福自己，再祝福自己所愛的人，然後是祝福那些萍水相逢的人——最終祝福世界上的所有人。如果每天持續進行，這項簡單的內心練習已證明能提升一個人願意主動幫助他人的可能性。[20]

尋找富有同理心的傾聽者：一間身心障礙人士大型居住設施的執行長，正被預定新建大樓的土地使用聽證會壓得喘不過氣。他必須出席三十幾場聽證會，承受律師們殘酷的交叉詢問。但是，他成功排解了這些壓力——主要得感謝他和一位社會服務主管的友誼。他們會討論發生了哪些事情，而執行長覺得他這位在神學院受過訓練的朋友是真的有用心在聽，這讓他感覺好多了。

同理心很重要。人們傾聽的方式——到底是真心想要理解你，還是並沒有用心在聽——會讓你感覺自己得到尊重或是被忽視。受到禮貌的對待是很重要的，一項研究顯示，他人的禮貌和尊重可以降低一個人的情緒耗竭程度。[21] 當然，相反的情況則會提高情緒耗竭程度，也就是遭到無禮和不尊重對待的時候。

練習仁慈：另一種促進眾人憐憫之心的方式就是以身作則。幾年前，丹尼爾在紐約第四十二街的地鐵站下樓梯時，看到一名男子癱倒在樓梯上，不省人事。人們都只是從他身上跨過去或繞過他。

在這件事發生的數週前，身爲《紐約時報》記者的丹尼爾和一群幫助無家者的非營利組織成員，一同坐在裝滿三明治的廂型車裡，穿越了曼哈頓的大街小巷。他們看見露宿街頭的人，就會提供三明治，並告訴他們有哪些庇護所和社會服務可以使用。這個經歷爲丹尼爾打破了無家者的隱形魔咒。

於是，丹尼爾決定停下來看看那位躺在地鐵站樓梯上的男子怎麼了。他一駐足，就有許多人聚集過來看看能否幫上忙。原來這名倒在樓梯上的男子不會說英語，身無分文地四處遊蕩，有好幾天都沒進食了。他因爲飢餓而昏倒在樓梯上。有人去找地鐵警衛來，有人去買柳橙汁和熱狗。幾分鐘之內，他就重新恢復精神，吃到食物，得到照顧。

但是，別忘了有許多人，甚至可能有數百人，都只是從他身上跨過去，就彷彿他不存在一樣。那是幫助者（helpers）打破的隱形規範。變成無家者的人都說，身分地位降低後最糟的事情之一就是被人們視而不見。我們的注意力有一個光譜，從一味的自我中心，到有覺察地注意周遭的環境和人們。後者讓我們擁有同理心，以及在必要時採取關懷的舉動。

表現出憐憫與關懷可以治癒憤世嫉俗的思考方式，憤世嫉俗這種心靈病毒很容易導致倦怠。藉由祝福他人，我們會在隱約之中看見他們較好的一面，而不是最糟的一面。對我們自身感到憐憫，則可以爲情緒耗竭提供解藥。[22]

* * *

這裡要注意一件事，我們不能輕易地「檢討受害者」，也就是那個倦怠的人；整個組織本身可能才是倦怠的罪魁禍首——而不是某個人的情商不足。一項針對腫瘤科工作人員的調查顯示，他們的壓力其實只有一部分來自每天面對受到病痛折磨的患者，更大的壓力來源是工作量超載、時間壓力、人際衝突，以及感覺管理階層沒有提供足夠的支援——這些壓力來源可能出現在任何職場上。

於是，相關單位著手解決那些壓力來源，設法降低他們的工作量、時間壓力等。結果，六個月之後，實驗組的倦怠分數和情緒耗竭分數都比對照組低了很多。[23]他們再度得以進入最佳狀態。

☀ 組織覺察

瑞秋是一個七歲的孩子，她對全班的社交狀況瞭若指掌。她可以準確地告訴你，誰跟誰是朋友、誰和誰一起玩、誰是大家都討厭的惡霸。

她對班上社交網的覺察程度證明了她有很高的社交智商（social intelligence），精確來說就是所謂的「組織覺察」（organizational awareness）。雖然瑞秋的敏銳只是展現在小學二年級班級內這個小小世界裡，但這種覺察可以應用在任何人際關係網路中，從你的原生家庭到大型企業，它能幫助你察覺情緒在這個社交網路當中如何作用，讓你對這群人之間的連結有粗略的理解。

舉例來說，在你自己的大家庭當中，你說得出誰對誰具有影響力嗎？喬叔叔會聽從誰的話、忽略誰的話？或者在會議上，你能看出誰的意見最受大家重視嗎？你可以跳脫環境，察覺到一場對話當中帶有情緒的語調嗎？或者在職場上，你是否有注意到那些潛規則正約束著某人能對某人說的話，又或是誰在做決策時握有最大的影響力？

我們的同事波雅齊斯建議你可以用這種方式來提升組織覺察：「下次開會時仔細注意，找出會議室裡權力最高的人、第二高的人，乃至最低的人。誰有在聽別人說話？他們都在聽誰說話？誰是領導者？誰是提供幫助的人或提供指引的人？」[24]

這種類型的同理心覺察在你的高中時期可能相當赤裸，其形式或許是去識別誰屬於「酷小孩」那群，誰屬於運動健將那一掛，誰又屬於「壞小孩」。像這樣對於社交網路的理解通常會逐漸成熟，例如可能變成職場上的組織覺察。這種能力讓你可以將同理心應用在更廣泛的範圍，對你身處其中的環境擁有敏銳度——無論是非正式的社交網路、你的家族，或者職場裡的組織。我們在第四部會提到，組織覺察建構了「系統思維」（systems thinking）的基礎，讓人懂得如何解讀大型社交網路中的動態，而這也能運用在社交階級的解讀。

是什麼削弱了同理心

每個社會、文化或國家都存在文森．康寧漢（Vincent Cunningham）所稱的「凶殘的階級制度」（murderous hierarchy），也就是有最上層族群和最低層族群的存在。身爲一名非裔《紐約客》作家，康寧漢表示：「你有可能身爲黑人、在美國受到歧視，但又同時因剝削海外資源而獲利、壓迫著不是黑人的數百萬人、住在從原住民手中搶奪來的土地上。我們的苦難當中總是有人相伴，而我們常常無法穿透黑暗看見他們。」[25]

他又說，如果無法「感同身受地想像在美國邊境被扣留的瓜地馬拉兒童的心情，或是在中國實質上被奴役的維吾爾族人，」則任何一種思考方式都是「迷失在自我的迷霧之中。」

詩人金．斯塔福德（Kim Stafford）在〈幸運人生的詛咒〉（The Curse of a Charmed Life）

這首詩中寫道，即使是看似好運用不完的人，總有一天也會死。但這並不是詩名中所說的「詛咒」；眞正的詛咒是無論在物質還是身分地位方面，極大的成功都會削弱人的同理心。如同詩裡描寫的成功所造成的侷限性，斯塔福德擔憂，一帆風順的人生可能會讓人對無家可歸的人或心理疾病患者的需求視而不見。

透過我們每個人共有的普世人性之同理心，同理關懷讓我們得以跨越隔閡。這樣一來就不再有人被排除在外，不再有那些我們不假思索就無視的「他者」。然而，有許多看待世界的普遍方式就是如此，輕易地將某個群體劃分爲「他者」，認爲他們不配得到幫助與關懷，更別說同理心了。舉例而言，斯塔福德的詩裡所講述的群體之一，就是被記者喬治・派克（George Packer）冠上「聰明」之名的人們。[26]「聰明」指涉的是學者、專家、高階管理者這個「階級」（caste），也就是讀過名門大學或藉由其他方法在菁英統治制度（meritocracy）中爬升到高度社經地位的人。但是，就像那首詩所指出的，這種世界觀的危險之處就是忽視了那些沒有成功晉級的人，以及那些打從出生起就因爲社會和經濟地位的差異而根本無從企及如此高度的人。「聰明」群體出現在全世界各處的跨國企業、政府部門、大學等地方。對於那些未能以同樣方式取得成功的人，他們存在一種盲點，這可能意味著「聰明」族群會無視、漠不關心那些「失敗者」——換句話說，就是將那些人當成「他者」。

舉例來說，如果某人在富裕的白人特權堡壘之中長大，例如洛杉磯的布倫特伍德、康乃狄克州的格林威治等，他很有可能會就讀私立菁英學校，接著是頂尖大學。在成長過程中，他不太可能會和來自洛杉磯華茲塔或曼哈頓東哈林區的人成爲親密朋友，而是和其他聰明人爲伍。這樣的社交距離讓特權階級更輕易地去「檢討受害者」，無視於童年創傷、營養不良和對特定團體的偏見，都可能讓貧窮階級處於弱勢。

「聰明」群體是派克所提出的四種截然不同的「自我敍說」（self narratives）之一，其中每一種都在推動世界強權機構的行爲，從而影響著全球的社會及政治結構。另一種群體被派克稱爲「眞實」（Real），結合了自由主義思想與消費資本主義，不信任政府且崇尚個人。這種非黑卽白的狹窄觀點，將不持有相同信念的人視爲「他者」，是「我們」無法容忍的人。

派克稱之爲「自由」（Free）的群體，則歌頌著堅忍不拔的個體、那種歷盡艱辛而成功的人、勝者通吃。舉例來說，這種態度認爲企業的唯一目的就是增加投資人的財富，卻忽視對員工、顧客、社會、自然所帶來的衝擊。像是在世界各地，這樣的觀點認爲破壞雨林以建設牲口牧場是正當的——眼前的利潤無須顧及地球所需付出的代價。「自由」觀點完全不憐憫也不同情那些被壓迫、被剝削的人，並將那些人視爲「他者」，即使是那些人的辛勞在支持著自己。

最後是「正義」（Just）群體，他們熱切地尋找社會結構中的不公正，並想辦法修正。「正義」觀點會公開面對那些從現存社會秩序當中受惠的人極力想避免的問題。在全球各地，「正義」群體用街頭抗議、調查報導、社會運動等形式，來尋求糾正那些長存已久的錯誤。但是，當那些目的導致了無法妥協的立場，這些人忘記了和解（並且忽略潛在的盟友），從而摒棄在既有秩序裡有頭有臉的人士，將他們視爲「他者」。

這些自我敘說各自創造出了具說服力的故事，讓群體內部彼此團結，但也將人們分成了不同的戰鬥部落；每一個「我們」都創造出一個相對的「他者」。當然，這些都只是刻板印象，並不是所有落在這四個分類裡的人都具有派克所歸類的「我們／他們」觀點。擴大同理心可爲這些狹窄的陣營開闢新天地：一種更具關懷與大格局目標的視角，其目標爲**更大的善**，或許有望讓所有群體團結起來追求更宏大的使命。在這種視角下，沒有「他者」，只有我們。

這樣的同理心願景包容著我們每個人，追求一種普世的進步。鋪設的道路、潔淨的水源以及刷牙等基礎衛生對每個人都有幫助，無論此人屬於哪個群體、有何種身分認同，或信奉什麼信仰體系。人類歷史上標記著一連串的創新發明，讓所有人受益。在上個世紀中，諸如能輕易取得健康飲用水等漸進式的進步，讓人類壽命延長成原本的兩倍。像這樣的進步是淩駕於分歧之上的，無論是落在哪一種自我敘說分類的人，生活品質都爲之提升。

將焦點放在所有人都同意的事情，而不是彼此之間的差異，也許就能重塑「我們／他們」思維，使其變得不那麼分化。[27] 但這個問題並沒有萬靈丹，我們無法肯定地認爲重塑成什麼樣的觀點最能解決分化問題。

未來我們將活在一個充斥連續不斷危機的世界裡，關懷的價值將水漲船高。就像同名兒童節目主持人佛雷德・羅傑斯（Fred Rogers）的著名建議，如果遇到麻煩，就「尋求願意幫助的人」（look for the helpers）。任何陷入苦惱的人，對於別人提供任何形式的援助都求之不得。

比起接受情緒支持，給予情緒支持有時候可以讓你獲得更多。接受幫助有時會讓人覺得自己無能或有缺陷，但**給予**幫助可以加強自信心，甚至爲生命增添意義。

科學研究發現，幫助他人會啟動腦中令人感覺良好的多巴胺迴路，這也許可以解釋丹麥哲學家索倫·齊克果（Søren Kierkegaard）的智慧箴言：「通往幸福的門永遠都是向外開啟的。」

許多傳統認爲，我們必須憐憫自己，也憐憫他人。情商能力當中的自我覺察與自我管理是一種關懷我們自己的形式。社交覺察（尤其是同理關懷）和人際關係能力，則是用來向他人傳達憐憫的方式。

舉例來說，缺乏這種觀點的主管可能會不屑一顧地將員工所承受的壓力合理化，並忽視他們的痛苦。反之，具有憐憫心的主管會試圖緩解員工的壓力，可能是給予實際上的支援、改變環境，或者幫助他們培養更多韌性。

關於同理心，以下是必須記住的一些重點：

- 同理心總共有三種，每一種都奠基於不同的大腦迴路。
- 認知同理心讓我們理解他人如何思考、他們所說的話、他們的觀點。這讓我們可以用最容易理解的方式和他們溝通。

- 情緒同理心讓我們體會他人的感受。擁有這種同理心，我們可以讓自己傳達給對方的訊息具有影響力。
- 同理關懷是指我們同時也關懷那個人。展現這種同理心，可以加強對方對我們的信任和尊重，並加深彼此之間的聯繫。
- 組織覺察是將同理心應用在更廣闊的範圍，應用社交智商來解讀友誼網路以及行爲準則背後的影響，無論是在家庭還是企業當中。
- 將某個群體視爲「他者」，也就是做出劃分，會抑制同理心。當同理心枯萎，人與人的關係也隨之凋零。

關係的有效性取決於我們的同理心。同理心能孕育出人際關係的靈敏度，讓我們更能游刃有餘地影響、引導、甚至啟發身邊的人——讓我們在關係中發揮最佳影響力。

第八章
管理你的人際關係

某家新創企業的總裁因爲一名客戶的投訴而不悅。在下次跟部屬開會時，他嚴厲斥責負責該名客戶的主管，對他大吼大叫、甚至辱罵他。他當著所有人的面毫不留情地批評，導致那位倒楣的高層主管大爲洩氣。

當然，對工作表現給予回饋是有必要的，但那名總裁的回饋可以採取截然不同的做法，透過能夠協助該名主管做得更好的方式進行。不過，高明的回饋需要自制力與同理心，而那名新創企業總裁在當時兩者都沒有。他不明白公開斥責有多麼傷人。

良好的人際關係來自於同理心；若是跟那名總裁一樣缺乏這種人際黏著劑，我們便無法增強我們的人際關係。

公眾人物——政界人士與大公司領袖——信任度下降的情形十分顯著。例如，卓越職場研究機構（Great Place to Work Institute）發現，一家公司能否被提名爲卓越職場，信任是一個很重要的因素。獲得高度信任的公司，其卓越程度是標準普爾五百指數（S&P 500）裡企業的三倍。[1]同理關懷——一家公司表現出關心員工與客戶——是建立信任的主要因素之一。

許多企業都明白同理心是員工與客戶信任及滿意的核心。不過，在**任何**人際關係中，這項重要能力可以載舟，亦能覆舟。友誼、愛情、家庭生活、親子——我們私生活的大部分層面——爲同理心的發揮提供適宜的場域。如果具備同理心，那些關係更可能蓬勃發展；一旦缺乏，關係便會萎縮。

同理心可以養成靈敏的人際互動，讓我們更能影響、引導、甚至啟發身邊的人，使我們發揮最大的人際影響力。同理心亦是妥善處理人際關係的關鍵能力，從解決歧見、成爲有生產力的社群成員，到指導子女、學生、青少年運動隊伍及同事等所有人。

只求自我增進可能造成自私自利，而同理心與關懷別人則是解藥。同理心之類的人際關係能力鼓勵我們發揮情商，謀求更多人的福祉。我們來看看，基於同理心的關係能力爲何在職場上很重要。

☀ 教練與導師

一家醫療科技公司的執行長要求高階主管強納森去協助最近剛加入公司的另一名主管曼尼。曼尼是一位能力傑出、企圖心強烈的經理人，強納森形容他是「高度情緒反應……吵鬧……意見很多……行事不夠圓融。」

那種風格在他的前東家很管用，卻不適合新東家。如果曼尼不改變，公司會開除他，儘管他成功達成了他的績效目標。

指導同僚有時是一項棘手任務，這個案例尤其如此。在強納森兩三度試圖跟曼尼討論他的脾氣之後，曼尼翻臉了。強納森表示：「他跟我說，我管太多了，我無權質疑他的做法或行爲。接著他對我比中指，叫我滾出他的辦公室！」

但是強納森並不放棄。他會盡可能在曼尼失誤後，將他叫到旁邊一對一談話：「聽著，曼尼，我看見你做了這些事，我也聽到別人談起他們的感受。你了解自己所做的事以及別人是怎麼看你的嗎？」

強納森亦想辦法幫助曼尼——這自然增強了他們之間的連結。例如，曼尼爲了這份新工作搬離原本居住的城市，卻無法在新城市找到他可負擔的住屋。於是，強納森安排請公司提供曼尼額外津貼來補足費用。這項幫助對曼尼意義重大，並深化了他們的關係。

強納森的努力有了回報，曼尼逐漸接受強納森的幫助。強納森表示：「他不再將我當成敵人。現在，我給他回饋時，他會聽進去。他甚至會到我辦公室請教我的意見。」

曼尼開始改變，他將這一切歸功於強納森。

強納森需要極高情商才能成功引導曼尼這種人。教練式引導與衝突管理的能力尤其重要，但這也需要高度的自我覺察、自我管理與同理心。

做個好教練或好導師是一項重要的關係能力，而這兩種能力都建立在同理心之上。當然，二者都需要額外的技能：引領與指導意味著協助他人看見理想的自己，以及需要採取什麼具體行動才能實現那個理想。若要擁有影響力，我們必須被認爲值得信任；管理衝突的能力則需要能夠協助各方認清他們的共同價值與人性需求。但這些關係能力首先都必須具備同理心；缺乏那種協調性，我們的任何嘗試終將失敗。

成爲高效的教練或導師的情商能力（如同強納森成功運用的），源自於提供適時、具建設性的回饋及支持，以促進他人長期發展的能力。[2] 這是建立在正向心態（或說「成長」心態）之上，也就是你認爲他人可以學習與改進，再加上同理關懷：你眞心希望幫助他們培養新的能力。例如，因爲你了解他們自己想要的進步目標，你或許可以安排「鍛鍊」機會，以及可以幫助他們達成目標的挑戰。

隨便問個高成就的企業人士，他們是否感謝生涯某個時間點上幫助過他們的人，答案幾乎都是——有的！儘管如此，這項重要的領導任務卻時常被省略。許多領導人將這項功能降級爲年度或半年績效評估。然而，要幫助部屬將工作做得更好，需要持續參與、回饋並建議如何改進。一項企業界調查顯示，大多數的職場指導都與情商有關，比如自我管理能力，或是基於同理心的人際關係技巧。該項調查是在新冠疫情爆發之前進行的；我們可以推斷，對於領導者情商能力的需求，如今是有增無減。[3]

經理人給出績效回饋的方式，是展現這種能力的固有管道之一。組織EQ研究協會的成員波雅齊斯，與凱斯西儲大學的同僚掃描了正在接受績效回饋的志願者腦部。[4]如果收到的回饋是他們做錯了什麼——也就是承受壓力——則他們因應威脅與防禦的腦部迴路會啟動。人們封閉起來，縮窄自己的接收範圍，這也限縮了他們感到有興趣的選項——這個腦部迴路妨礙了思考。另一方面，專注在一個人的強項與成長潛力，則有剛好相反的效果：讓人活力充沛、幹勁十足，更能好好學習。倒不是說經理人要對工作失誤視而不見，而是指回饋之中的正面話語要多於負面。

波雅齊斯稱之爲「關懷式指導」，他認爲，當人們被鼓勵去實現夢想與價值，便能培養出更強的實力。[5]可是，績效回饋往往變質爲要求服從，這會產生負面影響。你浪費掉一個幫助人們進一步發展的機會。簡言之，最好的指導是協助人們追求他們自己的人生目標，培養更多實力，而不只是按照目前狀況來評估他們。

可惜，許多領導人對自己做出回饋的方式並無自覺，甚至不知道自己究竟有沒有給予回饋。一項研究觀察主管在工作日如何與下屬互動，包括他們對下屬給予回饋的次數。結果，僅二%的互動時間是有關工作表現的回饋。但是，當主管被問到他們覺得自己有多常給出回饋，他們自認平均是一〇%的時間——而且所有人都認爲他們應該再給出更多回饋。不用說，當這些主管獲知他們實際給予的回饋少之又少時，都極爲錯愕。[6]

研究人員給其中一些主管看自己給出多少回饋的資料之後，再度進行觀察，此時便可看出這種回饋的力量。在第二次觀察時，他們比以往給予下屬更多回饋。這項簡單資料被主管視爲建設性回饋，顯示出單單是幫助人們覺察到自己的行爲，便擁有巨大的力量。

影響力

曾擔任運動鞋大廠耐吉（Nike）尖端研究主管的妲西．溫斯洛（Darcy Winslow）看到他們鞋子原材料的毒理研究數據，她對分析結果顯示鞋子某些部件有毒感到擔憂，便決心設法減少耐吉運動鞋的毒性。雖然資料確鑿，但全公司上下沒有人放在心上。人們都認同她說的事必須做出改變，卻未做出任何行動。

妲西思索著耐吉公司有誰在這件事最具影響力，她想到應該是設計鞋子的人，因此，她請一些自家設計師給她幾分鐘時間來跟他們分享毒性資料。經過多次會談後，妲西找到大約二十位眞正關切此事的設計師。

原來，毒性最強的原材料是黏合跑鞋上下兩層的接著劑。這是設計師最興奮的地方：他們的挑戰是重新設計跑鞋上下兩層的接著處。這件事可說前無古人，激發了設計師的想像力。於是，設計師團隊以無毒方式重新設計了跑鞋接著劑。時至今日，耐吉公司的目標是全產品系列零毒性。

講述這個故事的麻省理工學院管理大師彼得．聖吉（Peter Senge）指出，這種影響力

「是非正式產生在那些懂得好好傾聽、尊重公司文化、渴求機會的人身上。」[7]他們不是被動式解決問題，而是創造性思考，他們「聚集了關鍵多數的人群」，後者「支持他們擴散他們的影響力。」

他還指出，這類改變創造者未必得在公司裡身居要職——他們可以從自己的職位做起，就像妲西一樣。

人際關係才是重點

時值美國獨立戰爭的低潮，除非爭取到法國的積極支持，否則美國將輸掉這場戰爭，但法國不願介入另一場與英國的戰爭，於是大陸會議（Continental Congress）派遣來自費城的博學者班傑明．富蘭克林（Benjamin Franklin）去拉攏法國。

然而，富蘭克林抵達法國後，卻花費大多數時間待在文藝沙龍與美女聊天，以及在宴會上跟淑女與她們的護花使者攀談。他似乎沒怎麼在進行他的同僚約翰．亞當斯（John Adams）所認爲的實質外交。

不過，富蘭克林知道自己在做什麼。爲了拉攏法國，他了解他必須與各種人士建立起有溫度的關係。他也從中得知必須結交的重量級人士是哪些，以及如何動用這些關係來推動美國獨立運動。

富蘭克林建立的人脈，包括一些對「法國是否參戰以支持美國」可以直接發表意見的人。例如，大陸會議曾有一度命令他在與英國締結終戰條約的談判中，將法國排除在外。法國外交大臣格拉維耶（Vergennes）大怒，富蘭克林於是寫了一封文情並茂的信向他致歉。然後，在同一封信中，富蘭克林要求法國提供更多金錢援助！格拉維耶同意了，這象徵他們關係的強化。

富蘭克林的做法奏效了，法國最後選擇參戰，對美國的勝利發揮關鍵作用。[8]富蘭克林明白影響力需要穩固的關係。

精通「影響」能力的人能夠在關係中打造出信任，對他人產生正面影響，說服他們，並鼓勵他們與關鍵人士建立共識。[9]想要改變人們的想法，你首先需要跟他們建立起強勁的連結，他們才更能敞開心胸接受你要說的話。有鑑於領導涉及要求別人做好工作，精熟影響力的經理人與高階主管因此可以得到更好的結果。

敏銳的組織覺察可以讓你知道做出重要決定的人是誰，不過，你需要「影響」的能力，才會知道如何左右那個人的想法。妲西在耐吉公司的行動便展露了這兩種能力。

成功影響他人的一個方法是訴諸他們內心最深處的動機。丹尼爾的研究所導師大衛・麥克里蘭將動機分爲三種：成就需求、親和需求，以及權力需求。找出最能驅動某人的動機——成就、關係或影響——你便能訴諸那項動機去說服對方。一般來說，這種稱爲「動機式晤談」（motivational interviewing）的方法，能讓你用別人自己的語言導引出他們主要的動力。[10]

另一種思考影響力的方式是，情商的終極目的是要幫助你自己和他人進入並保持在最佳狀態。這或許是最高等形式的影響力，意思是你運用能力去影響別人以符合他們的最佳利益。以領導人而言，這表示給予某人任務好讓他學習新技能，使他在職業生涯更上層樓。

與此相反的是另一種影響力，一種較爲馬基維利式的方法，亦即完全爲了一己私利而去左右他人。這種自我中心的影響力可能造成自食其果，因爲那些受操縱者會失去對影響者的信任、遠離他們，甚至把所有心力消磨殆盡。

較好的影響力應該是不吝指出缺點，真心關懷他人福祉。[11]因爲影響力是以堅實的關係爲基礎，也需要不時的反思，例如，反省你是否持續貫徹你的決心及承諾，如此才能建立信任。你要學習說「我們」——比如「我們可以想出什麼辦法？」而不是「給我一些選項。」此外，不用預設展現關懷與決心的制式方法，而是要想出屬於自己的方法來讓別人看到你的關心。

在最理想的狀態下，影響力可用來推進共同利益，此處該重視的是共同目標。在此情況下，領導人的影響力逐漸演變爲下一個情商能力——鼓舞人心的能力。

鼓舞

傳奇性鞋業公司TOMS的老闆不叫湯姆。TOMS公司是由布雷克・麥考斯基（Blake Mycoskie）創立並長期擔任執行長，公司名稱是「明日之鞋」（Tomorrow's Shoes）的縮寫，以「買一捐一」的公益理念聞名：每賣掉一雙鞋，就捐一雙鞋給貧困者。

麥考斯基一開始對公司的使命極富熱情，後來卻發現自己意興闌珊。[12]休假了一段時間，思索自己爲什麼有這種感受之後，麥考斯基明白了那是因爲他的公司提供各種折扣與促銷手法，只爲追求成長和銷售額，跟其他賣鞋的公司沒兩樣。他覺得，爲了達成野心勃勃的銷售目標，這間公司已失去靈魂。

因此，麥考斯基重新聚焦於公司目的。該公司開始跨足賣咖啡——TOMS每賣出一包咖啡豆，便捐出一週分量的飲用水給缺乏乾淨用水的地方。另一個例子：在世界上嬰兒夭折率高的地區，TOMS開始用販賣手提包的收益來負擔安全分娩；還有一項努力是銷售後背包以資助減少霸凌的計畫。

簡言之，如同麥考斯基所說，企業可以用來「改善生活」。

擅長「鼓舞」的領導人，能夠透過闡述激勵人心的共同使命來導引人們做好自己的工作。他們在人們的日常工作之外提供一種意義感與目的感，鼓舞人們不只是做好工作，而是去實現最好的自我。[13]

職場研究顯示，領導人可以透過闡述共同使命或願景來激勵他們旗下的人——也就是他們想要鼓舞的人——如此便能營造十分正向的情緒氛圍。人們會熱愛所做之事，因爲那是有意義的。[14]他們感到深深的滿足與驕傲，於是努力做到最好。

新冠肺炎初出現之時，輝瑞（Pfizer）公司執行長艾伯特・博爾拉博士（Dr. Albert Bourla）明白這場撲面而來的疫情會是對人類生命的空前威脅。於是，他要他的團隊去進行不可能的任務：在未來九個月內生產數十億劑新冠疫苗（這是他日後說明的）。[15] 當時開發一種新藥平均耗時八年，而輝瑞生產此類藥物的劑量產能上限是二百萬劑。但是，那年三月，當局預測冬季時疫情病例與死亡人數都將飆升，因爲人們會聚集在室內。因此，博爾拉博士提出那項不可能的挑戰：九個月內開發出新冠疫苗，並生產數十億劑。也就是「登月任務」（moonshot）。

在提出這項挑戰時，博爾拉博士訴諸該公司的使命：追求生物醫學的突破以改善人們生活。輝瑞團隊受此啟發，與百健（Biogen）公司合作完成不可能的任務：他們發現了研發疫苗的快速新方法，達成看似難以企及的時間和劑量的目標。

領導者可以遏制高昂的情緒，亦能促進這種情緒，且方法不只一種，就以稀鬆平常的開會這件事爲例。「高階主管以財務爲主題召開會議時，會讓人關閉起心扉。當然，財務數據很重要，但若你用數字來底定會議的氣氛，那麼現在的氣氛便充滿焦慮，」我們協會的成員波雅齊斯指出。

另一方面，他認識一些醫療公司的執行長，其開啟會議的方式是請員工講述他們協助的病患。「這讓每個人感覺到，**我的工作不是做預算，而是治癒人們**。這讓他們對自己的工作感到驕傲。」

同樣地，在疫情期間，另一所醫療機構的高層主管辯論著他們是否應該支持一般民眾施打新冠疫苗。他們的執行長提醒道：「我們是治癒者。公眾的健康是我們的職責。施打的人愈多，整個社群就愈健康。」

要如何鼓舞別人呢？你不必鼓動數千人加入行動；我們影響力的幅度或許比較普通，只限於家人、朋友、同事。但是，無論是寥寥數人或許許多多人，鼓舞別人的道路都始於相同的起點。

首先，你自己要感覺幹勁十足。有遠見的人是爲他們全心全意相信的使命發聲。他們的話語因而具有說服力，能夠自然地將那項使命也傳達到他人心扉裡——也就是說，以正中紅心的方式感動他們的受衆。這當然需要自我覺察與同理心，從而理解他人。當某人深受觸動，也用能夠引起聽者共鳴的方式表達那種情感時，便營造了一個正向情緒的場域。

鼓舞可以是間接的，未必要是直接的精神喊話。一家建設公司的執行長亞倫每個月都會跟全體員工一起舉行公司大會，有一個月，他在開場時說起，他有天在曼哈頓下城的工地遇到一群工人，那時是早晨六點，他們每天早班開始的時間。他接著告訴與會者，他十分驕傲、深受感動。他說：「這些人每天早晨六點就到達工地。他們甚至不住在紐約。真正令我難忘的是，我們圍繞在桌邊聊著他們那天要進行的工事，必須在一片泥濘中走來走去。而他們是如此熱忱滿滿！」[16]

亞倫事後表示，翌日他從數名聽到他訴說那個故事的員工那裡獲得「極其熱烈的迴響」。

衝突管理

德洛麗絲甫任一家大型國際飯店連鎖集團的新訓練長，她沒多久就發現訓練課程必須更新，讓內容連結到公司的商業策略。她最大的挑戰是要影響商務事業長保羅，他是僅次於執行長的第二把交椅。

讓事情變得複雜的是，保羅也是德洛麗絲直屬上司的競爭者，後者叫她直接繞過保羅去推動她的計畫郎可。但德洛麗絲認爲沒有保羅的支持，她無法成功。

德洛麗絲於是付出時間和功夫，與保羅建立堅固的工作關係，以找出他的抗拒點及熱情所在。她發現保羅重視營收，追求帳面數據。因此，她一開始試圖向他證明，她了解他重視的事情爲何，讓他明白她也懂得營收數據的重要性。

德洛麗絲跟保羅建立起良好關係以後，開始提議一些在她計畫中的改變。在仔細聆聽他的反應的同時，德洛麗絲亦細心地給予他權力去剔除任何可能的選項，這使得保羅對於新嘗試感到比較自在。爲了確定保羅站在她的陣營，德洛麗絲等到她的團隊在公司大多數其他領域證明調整訓練爲可行做法之後，才開始在保羅的領域做出改變。

計畫成功了；保羅成爲新訓練的有力支持者。德洛麗絲接觸保羅的方式是衝突管理的最佳範例：形成穩固的關係，以同理心對待可能構成潛在挑戰的人，一開始就有意避免衝突。

「如果你是領導者或經理人，」一名執行長告訴我們，「務必要在早期發現衝突，以免衝突爆發，使情緒氛圍變得更具毒性。」當然，夫妻、父母和朋友等任何關係都適用相同道理。

那名執行長表示，化解衝突的第一步是幫助雙方找出他們意見相同之處，接著再探討歧異之處。例如，他的資訊長喜歡「敏捷型」預算，意思是更有彈性地因應新出現的挑戰，以及利用回饋去部署資源以改善績效。

相反地，他的財務長大力支持較爲傳統、固定型的會計編列方法，也就是董事會設定預算，財務長再據以管理支出。兩人互不相讓。但是，執行長對他們兩人同樣予以重視，想讓他們和解。

他首先提醒兩人，公司作爲一個醫療體系的基本使命是療癒社會大衆，而他們兩人以各自的方式在輔助那項使命。那位執行長指出，預算的紀律有助於確保他們達成使命，但在某些狀況下，敏捷方法是必需的——就這個觀點而言，他們之間的歧異並不大。

「我希望他們看見彼此有許多共同點，而不是浪費時間彼此攻訐，」執行長解釋。他將他們共同的使命感當成解決衝突之道。

最後，財務長改變了觀點，認同敏捷的預算在達成使命上有其實用性，於是採取了那種方法。

任何團體都無法避免衝突，從伴侶或家庭、鄰居或社區，到家庭式小商店，再一直到最大型的公司。想要處理分歧的意見，我們首先要從管理自己做起。

在瑪莎葡萄園島的市民大會上，一群五年級學生呼籲禁止單次使用的塑膠瓶——這裡是一處避暑聖地小島，炎熱天氣裡的熱賣商品正巧是單次使用的瓶裝水。因此，有人激烈反對年輕一輩敦促通過禁止塑膠水瓶的法規，特別是靠著銷售瓶裝水賺取豐厚利潤的商店老闆。一名老闆十分強硬，堅稱瓶裝水是他的主要收入來源。他對著那群小孩破口大罵。

其中一名小孩回想：「我不斷提醒自己，他想要激怒我對他吼回去。但我保持冷靜並聆聽，想要找尋我們意見一致的點。然後，我一直向他陳述新的事實。」

那些事實包括了商店的經銷商可提供替代產品，例如更容易回收的牛奶紙盒式包裝水。那個商店老闆改變了心意，最後支持塑膠瓶裝水的禁令。

那名五年級生展現了非凡的衝突管理技巧，而這需要一籮筐的情商能力：自我覺察，亦即觀察自己的情緒；情緒平衡，亦即保持平靜，管理自己的反應；同理心，也就是仔細聆聽別人，尋找意見一致之處。

這些情商能力讓人獲得**臨在感**（presence）：那些五年級生並沒有生氣，他們吸收了被叫罵的能量，卻沒有被激起反應。他們細心傾聽，找出意見共同之處，同時保持頭腦清晰，整理出可以動搖對方的事實。

情緒平衡——管理自己情緒的能力——是管理衝突的重要一步。在艱難的談判中，你或許得跟哭泣的人對話，或者發現自己被憤怒吞噬。在這兩種情況中，你都必須管理好自己的情緒反應，才能保持冷靜，以便傾聽、思考及妥善因應。

在衝突中維持鎮靜（此爲有效認知控制的成果）會讓你保持頭腦清晰，如此才能回想起重要事實與對應方法。另外，如同哈佛談判專案（Harvard Negotiation Project）提出的知名原則，通往解決方案的最平順道路是找到「雙贏」折衷方案，讓雙方都對協議感到足夠滿意而願意接受。舉例而言，這可能意謂你要動用「鼓舞」能力來闡述一個你們雙方都能同意的大原則。

在處理職場意見分歧時，有一種更具策略性的做法是鼓勵各方了解，對於預算優先事項、行銷計畫、分配資金等各種事情的意見不合雖然有時候無法避免，但這同時也是一種機會而非挫敗。[17]這種心態將意見不合視爲讓工作更上層樓的機會。舉例來說，在跟同事爭執一項決策時，你們雙方都必須解釋爲何自己的方法有道理，分析利弊得失——或許還能因此得出有創意的解決方案。

如果你在這種場合運用自我覺察，還會有另一種好處：你將了解你自己——你重視什麼、喜歡如何工作、什麼事情可能是你的地雷。此外，這對你跟意見不合的人的關係也會有益處。你可以從衝突當中了解那個人——他重視什麼、喜歡如何工作、他的地雷可能是什麼事情。如果你們可以用正面方式解決歧異，這種過程實際上會拉近你和那個人的關係。

卡利有一次跟一群外科住院醫生開會，他們抱怨著醫院在疫情後合併了兩個部門並開除一些員工的事。這種撙節成本的組織重整在企業界極爲普遍，卻加重了留下來的人員負擔，他們如今必須在人手減少的情況下照顧相同人數的患者，再加上兩個工作方式不同的部門被合併。他們不知道該說些什麼或做些什麼來改善情況。

卡利建議，他們之間先坦誠表達彼此的感受，接著再跟團隊開會商討這個困境，先講出自身感受，然後聽取團隊成員的心情，以克制外科醫師想要設定解決方案的「處理問題」衝動。唯有如此，他們才能開誠布公地討論如何解決問題。

這需要兩項主要的情商能力：管理自己的情緒，以及對他人感受的同理心。對意見歧異做好心理準備會很有幫助。你可以進行認知重構（reframe），從緊繃地跟對手你一言我一句地爭執，轉換成思考你要如何協助他人（或是你自己）將工作做得更好。這可能也意味著，將他人的觀點視為你可以從中學習的機會——比方說，那個人堅持這個立場的原因為何？

接著要為實際的對話過程做好準備：考慮你想達成的是什麼、你說的話與別人聽到的是否有差距，以及你如何應對那個人可能做出的不同反應。簡言之，衝突可以是學習、強化關係及鍛鍊領導能力的機會。

同理心總是會有幫助。舉例來說，一所特殊教育學校的行政人員無法順利共事。在卡利的協助下，他們安排了一天的研習營。那一天，好幾個人抱怨著該校的不當行為管理專家迪克。他們說，每當教師需要他來協助「崩潰」的孩童時，總是找不到人。迪克為自己辯護，談話逐漸變得激烈。

卡利於是建議他們一起思考，有哪些事情可能讓迪克無法在發生教室危機時趕來救場。這讓大家站在迪克的立場，而不是跟他爭吵。所有人與迪克共同找出教師們在那些情況下的需求與擔憂。大家接著一起找出迪克不在的時候可行的處理方法，而迪克則可以將行程安排成讓教師更容易找到他。這項討論讓大家避免公開衝突，轉而用建設性方法來面對問題：支持自己的團隊成員，而不是互相攻擊。

每一種情商關係能力都提供了各種方法來增強我們與相關人士的連結，無論是生活上或工作上。影響力本身需要堅固的關係，亦卽高度信任。想要鼓舞他人，首先要領會到我們覺得最有意義的事，接著運用同理心以能夠引發共鳴的方法來推動目的。指導及解決衝突需要有足夠堅固、禁得起碰撞的連結。擁有蓬勃發展的人際關係是你正處在最佳狀態的一種跡象。

＊＊＊

我們在數十年前創辦組織ＥＱ研究協會來研究組織情商的時候，還沒有什麼確切的資料證實情商攸關成功。丹尼爾寫作《ＥＱ》一書時，情商在職場將扮演重要角色，只不過是他的一個強烈直覺。如今，過了數十年，我們已有了令人信服的資料：這些情商能力對於個人成功極爲重要，對各種組織的效能也一樣，從教會到學校、非營利機構到政府，到各種規模的企業。研究證實，情商帶來的優勢對領導人、團隊、企業部門與公司整體都很重要——我們將在第三部詳談。

第3部

職場上的情商

第九章 情商的許多名字

梅爾負責管理公寓大樓社區，他喜歡這份工作——直到有一天，其中一棟大樓失火；一名抓狂的租客拿球棒砸別人家窗戶；另一棟大樓則遭遇飛車槍擊導致一名住戶癱瘓。梅爾盡了一切努力，親自拜訪每一棟大樓，協助住戶們從這些危機中恢復。

但是，當他填寫這些事件的報告時，梅爾的上司抱怨他表格填寫不當。雪上加霜的是，上司顯然對梅爾承受的巨大情感創傷視而不見。不過，該公司總裁在進行梅爾上司的年度績效評鑑時，並未忽略這位上司對梅爾經歷的情緒風波視而不見。

那位總裁表示，這是梅爾的上司在情商上的重大疏失——明顯缺乏同理關懷。雖然那位總裁沒有使用情商的用語；在他的公司，那項疏失是以核心營運原則「卓越與仁慈」來處理。

情商能力——亦即最佳狀態的活躍成分——在不同地方有著不同的名字。然而，情商的基本因素在所有地方都同樣重要。

比方說，自我覺察幫助我們找到自己的目的感，設法管理情緒；情緒平衡和其他自我管理能力，讓我們靈敏地因應不斷改變的挑戰，在挫折中仍保持樂觀與韌性，以及在每日的煩心事情之餘仍牢記目標。

同樣的道理，同理心也是不可或缺的基本因素，包括影響與鼓舞、指導別人以增強其技能；發現與解決歧見；成為優秀的團隊成員。不過，我們將會看到，這些能力被冠上的標籤因機構而異。每家公司（與每個家庭）都有著獨特文化，包括指稱情商能力的特定說法，但大家一致同意的是，每個人都需要情商。

儘管情商有著無數的模型與名稱，你可以大致將它們想成是透過不同角度觀察的「軟實力」（soft skills），這個有些籠統的詞彙是相對於寫電腦程式等「硬實力」（hard skills），後者需要認知能力但無關情緒。企業在展望未來及他們希望員工具有的能力時，軟實力的需求正愈來愈高。

例如，一項研究涵蓋了自本世紀初以來近二十年間，總共近五千項招聘最高管理層的職務說明內容，顯示出這種趨勢十分明顯：以情商爲核心的軟實力，是愈來愈多公司希望高階領導人具有的特質。[1]相對地，公司在遴選高階主管時，對硬實力的要求則逐漸下滑。列舉軟實力的高階領導人職務說明增加了近三〇%，而明確提及財務、物流等專業知識的硬實力則減少了四〇%。這項趨勢至今仍在持續中。《哈佛商業評論》指出，高階領導人必須「擅長與人相處」，而不只是擅長處理數字。

儘管財務及營運等硬實力也很重要，高階主管傑出表現的新指標主要隸屬於情商範疇：自我覺察、同理心（比如，了解他人想法與感受）、深度傾聽與有效溝通等社交技能，以及與各式各樣的人順利合作。

人資、財務、行銷主管、資訊長，當然還有執行長，都需要具備這些情商能力。《哈佛商業評論》表示：「今日，企業界需要招聘能夠鼓舞多元、科技嫻熟和全球化的員工的人；能夠扮演公司代言人，有效應對國家政府與高影響力非政府組織（NGOs）等對象的人；可以在新公司迅速且有效發揮其技能的人。」[2]

不只是最高階管理層，情商能力對所有人也愈來愈重要，如同那篇報導所指出：需要「高度發展的社交技能」的工作在各層級都愈來愈多。而且，此類工作成長的速度高於整體勞動市場。

☀ 情商的化名

美國經濟諮商理事會（Conference Board）向眾多企業成員進行一項全球性調查，以了解高階主管被引導培養的能力，結果發現前五大種類都屬於情商（遠遠超過策略思維與商業敏銳度等）。[3]但是，這些情商的各個層面被冠上其他標題，包括「領導團隊與人員發展」、「管理者風範與影響力技巧」、「關係管理」和「因應問題與引領改變」。對了，還有「情緒智商」本身（雖然不清楚這個名詞代表的意義）。

最驚人的是：數種情商能力的名稱似乎跟調查中所說的「情商」沒有關係。這凸顯出很難判斷一個組織讓領導人培養這類技能的意願有多高。情商是有效領導之核心的觀念已經十分普遍，這個名詞既無所不在又毫不存在——至少就那個名稱而言。

情商對一家企業文化的滲透可能是很微妙的。企業往往用自己的專有名詞來表述情商或相關能力，因此需要翻譯才能看出情商在其中。在成員們不知情之下，情商的因素或許早已滲入許多企業的文化。我們認爲這是情商概念成熟的跡象：這個概念已被廣泛接受，其價值也被視爲理所當然（例如耳熟能詳的「平衡計分卡」〔balanced scorecard〕）。當高階主管聽聞情商或EQ時，典型反應是「當然」，而不是「那是什麼?」。

當「情商」一詞被吸收到公司語言及DNA當中，甚至消失在公司所用的名稱之中，這個概念仍然強烈影響著人們的行爲和公司文化。

比方說，在一家建設公司，這些常規已是根深柢固，即使他們很少使用「情商」一詞。但該公司執行長並不認爲這會構成問題；她告訴我們，「情商不是一種東西，而是用來達成企業目標的行爲。」

另一個例子：一家有著龐大人資諮詢業務的跨國組織顧問公司，使用「成功因素」來列舉各項能力，但與情商有大幅重疊。成功因素表單上的能力已散布到世界各地企業，被改了名字以融入各自獨特的企業文化。

再來看另一個例子，存在於「我們本身及我們之間」的「具生產力的人類行動」與「眞正生產力的潛在動力」的要素是：「更加平靜、開放且專注的心靈；更有力的自我覺察；以及經過強化的自我轉化能力——別忘了，還有有紀律的熱情及強勁的人際關係。」[4]

不難想像這正是隱藏版的情商——自我覺察、自我管理和人際關係技能。

情商能力的其他名稱可以在谷歌、美商默沙東（Merck）、花旗銀行（Citibank）和康明斯（Cummins）所使用的語言中找到。包括「管理者風範」，指的是發揮同理心去充分關注與你共事的人；「聆聽客戶」，同理心的另一種應用；「領導魅力」，提醒大家共同的使命及目的，使眾人做到最好。還有「做個好教練」、「開發你團隊中的人才」等，是幫助其他人進一步增強情商能力。「協作精神」或稱團隊合作，也就是與他人合作朝向共同目標前進。正如我們所看到的，這些都分屬於情商的不同層面。

前述《哈佛商業評論》的那篇文章中，點出了數個「軟實力」的例子：

- 「社交技能」，一系列的人際互動能力
- 「心智理論」，推測他人想法的能力——認知同理心的一種
- 良好的傾聽與溝通——亦屬於同理心的層面
- 與各式各樣的人順利合作的能力——同樣也是同理心的一種功能
- 自我覺察，研究發現這是培養其他情商能力（如自我管理）的基礎

- 管理衝突，本身就是一種情商能力
- 有效因應突發事件，也就是適應力

所有這些技能在情商地圖上都找得到。

一些人認爲，情商對一家公司的成功將愈來愈重要，即便是那些正在用資訊處理技術推動自動化普及的業務亦如此。理由是：「當市場上的每家主要競爭者都在利用相同的工具組，領導人便必須卓越地管理運用這些工具的人員，以突顯己方公司。這需要一流的溝通者，既能構思正確的訊息，又能以同理心傳達訊息。」[5]

此外，多元化與包容的趨勢，以及社群媒體聚焦在高階主管、使之成爲公眾人物的現況，使得培養良好情商的論點更具說服力。混合式工作環境削弱了人與人的羈絆。別忘了，還有氣候變遷導致極端氣候事件頻發，不僅將妨礙我們的認知能力，也對我們所有人施加更多壓力。此外，變革的腳步也在不斷加快。這些趨勢在在顯示我們需要用情商好好管理我們紛亂的情緒。

☀ 為何情商對每一個人都很重要

尤蘭妲身心俱疲，她的主管直白地告訴她：「聽好了！我是妳的主管，妳最好接受。如果做不到的話，妳或許根本不屬於這裡。妳確定想要待在這裡嗎？」

尤蘭妲和主管本來就處不好，但那次對話是她們惡劣關係的高峰。這場爭吵損及了尤蘭妲的工作表現，甚至是她的幸福感：她花了太多時間看主管臉色，根本顧不到自己的需求。絕望之下，尤蘭妲想要找出改善她們關係的方法，但用她的話來說，她的主管「實在令人摸不透。」

然而尤蘭妲不放棄。她的第一項挑戰是管理自己的情緒，尤其是她感受到的恐慌。主管的責罵造成她凡事都往壞處想：她的想法會從「主管不贊同我」馬上跳到「我要被炒魷魚了」。因此，她的第一項挑戰是認出那些負面思緒，想辦法平靜下來。

她設法找出平靜且清晰的觀點去看待彷彿大災難的事情。接著，她將焦點由自己的驚慌反應轉移到嘗試了解她的主管——從自我中心到同理心。慢慢地，她比較能理解主管的感受和要求。「我學會用尊重的方式詢問更多問題，努力探悉主管的心思。」

尤蘭妲的同理心努力奏效了，她們的關係有所改善。當尤蘭妲能夠將她和主管的關係管理得更好，她便不再那麼擔憂，而是找到方法預測主管對她的要求。最後她們相處得非常好；尤蘭妲在她的職位上表現得有聲有色。她的表現受到公司高層的注意——最終尤蘭妲成功晉升到高階管理層。

跟我們覺得難以相處的人朝夕共事的考驗，還只是我們在工作上可能遇到的諸多麻煩之一。只要好好管理我們自己與共事的人，這些問題有許多都能迎刃而解。這就是我們的情商——正確感受、了解及管理我們與他人情緒的能力——能夠幫助我們在工作上有更好的表現、並且進入最佳狀態的一個重大理由。

人們對於最佳狀態組成因素的一個普遍誤解，或許是太過強調認知能力，卻不注重情緒智慧。我們已經看到，進入更佳的情緒狀態才能充分發揮我們的認知能力，但這有時不是那麼顯而易見。

關於智商的重大錯誤

某家矽谷生技公司遇到了一個問題，矛盾的是，那個問題出現在他們所謂的「天才文化」，也就是說，想在工作的擂台上勝出，取決於你有多聰明、做得有多好。但公司發現，這種爭奪「我最聰明」頭銜的遊戲養成一種絲毫無益的氛圍：只有無盡的嫉妒心與競爭心，卻缺乏信任與合作。於是他們請丹尼爾去告訴他們的最高層主管，情商也很重要，不是只有高智商就夠了。

丹尼爾告訴他們，聰明當然是一項優勢——但你也需要有動力、有同理心、團隊合作、鼓舞你所帶領的人，幫助他們進一步培養領導能力。這些能力全都反映出你的情商。

這是丹尼爾時常向企業界傳達的訊息，特別是科技、工程、生技、金融等聰明至上的產業——至少在這些產業的營運信念之中是如此。舉例來說，一家跨國手機製造商請來丹尼爾跟數百名認爲唯有智商才重要的工程師談話。

智商至上的標準看法認爲，讓你在學校與學業成功的那些東西，便足以讓你在職業生涯中成功。較為細微的了解，則是認知到在整個職涯當中，智商（與其他認知能力）和情商（與其他「非認知」能力），**二者**都不可或缺，會以不同方式在職涯中的不同時間點發揮重要性。

當然，成為傑出人士需要一定程度的認知智慧，無論是特別的科技能力、商業專業知識，或者純粹的智商。但是，情商能為所有這些能力增添力量——例如，讓你能夠說服別人接受你的觀點，更棒的是，能鼓舞別人付出更多的努力去達到對他們有意義的目標。

雖然智商與情商對你的生涯都很重要，二者重要的方式卻不同。智商在我們讀書時期最具優勢，但隨著生涯推進，智商逐漸無法預測成功，情商的預測準確度則會增加。

在學校表現良好，並不保證你會在職業生涯出類拔萃。[6]例如，你的大學成績跟工作表現在工作的第一年有些關聯，但隨著職涯進展，關聯性會退化到微不足道。[7]一項研究對高三學生進行訪談及智商測試，在他們三十五歲與五十三歲時二度進行追蹤調查，哈佛大學與麻省理工學院的經濟學家發現，大家其實高估了智商對於人生後期成就的影響力。[8]

當然，認知能力也很重要——但僅限於一定程度。就定義來說，智商一〇〇是平均值。智商高於平均值一個標準差，亦即大約一一四或一一五，才能獲得工商管理碩士（ＭＢＡ）

之類的研究所學位。一般來說，智商無疑在很大程度上決定了你的在校表現、你可能進入哪些大學與研究所，還有你能夠負荷的認知複雜水準，進而協助你獲得特定的工作／職位。

不過等你開始任職某項工作之後，就會發現所謂的地板效應：其他人都跟你差不多聰明。情商則會造成更大的差異。我們可以如此看待認知能力與情商之間的交互關係：寫電腦程式是純粹的認知能力，而成爲程式編碼團隊的優秀成員，則取決於你的自我管理及人際能力；做一名有效率的會計需要認知能力，而順利應對客戶則需要同理心；做個稱職的醫師、牙醫、護理師或其他醫療專業人員需要認知智力，但與患者良好溝通、讓他們聽從你的囑咐，則需要額外的情商。

一群學術作者指出，管理學教科書中有關情商的篇幅通常是智商的兩倍，他們既困惑又感到忿忿不平，抗議道無數研究已確定了智商預測傑出表現的能力，情商方面則遠非如此。所以，他們暗示道，將智商與情商的篇幅占比調換過來是不是比較好？

一項被廣泛引述的研究顯示，高智商預測了你在工作上將表現良好。但仔細挖掘那份資料可看出，該結論好像不是那麼正確——其中留下了很大的空間，可供其他因素（包括情商）發揮作用。[9]

情商與智商在你的生涯都有重要性，但會在不同階段各別發揮較大作用。智商在學校讀書的時候最有利，也絕對是你在校表現的最佳預測指標。但隨著生涯推進，智商預測成功的效力便消退了。

爲什麼？因爲最聰明的人也有可能是社交白痴。職場上的明星員工擁有尤其強大的情商能力。我們的各種認知能力很重要，而這些能力會被情商進一步增強。因此，以前情商或許只被視爲「有也不錯」，如今這類技能已成爲一項重要推進器，能強化我們可能具備的專業能力。

測量情商能力的最先進方法是「情緒與社會能力量表」（Emotional and Social Competence Inventory，簡稱ＥＳＣＩ），從三六〇度評估一個人的個人技能與人際技能。ＥＳＣＩ評量了象徵高效能領導人的十二項情商能力（我們已在第二部逐一詳述過）。

所謂「三六〇度」量表，意思是每個人挑選大約十名他們認識、重視其意見的評論者；評論者是匿名的，因此可以直言不諱地進行評估。透過他人眼光的評估，可以克服自我覺察的偏誤：人們對自身能力會有某些盲點，可能無法正確評估自己。三六〇度表示你被全方位評估。將這些評估平均之後，可讓受評估者了解自己主要情商能力的強弱程度——他們可用作追蹤自己進展的基準線，等他們接受過情商訓練或教導之後再次進行ＥＳＣＩ。

迄今ＥＳＣＩ已被廣泛運用，世界各地近一萬家不同機構加總起來，共有超過一百三十萬名獨立評論者曾經參與。一項針對那些資料的分析顯示，在總計約十五萬五千名曾接受ＥＳＣＩ評估的領導人之中，與他們共事的評論者認爲僅二二%展現了情商能力——在十二項能力中，他們具備的能力至少有九項。而十位領導人中約有四位被認爲情商能力不足。[10]

這種情商差距比以往都更加重要。在這個時代，企業的新挑戰不斷出現，現實情況與需求迅速改變，使適應力變得前所未有地寶貴。我們必須在組織內部以及與利益相關者進行有效溝通，意味著我們需要解讀周遭人士與整個世界的情緒。危機似乎永無休止，因此，人們更加重視領導人的穩定和韌性——與情緒平衡相關——以及同理心與善心。我們已知道這些都是情商的表徵。

重點提示：情商能力的概念在企業界已經很普遍，不過有時很難看出來，因爲它們被重新命名以符合組織文化。此類「軟實力」的需求正不斷增加，這點可由公司招聘人才時要求的具體能力看出。情商不同於智商與其他認知技能，但若是一個人具有情商，他原有的那些能力將更具效能，而資料顯示許多高階主管的情商可能有所不足。

我們將在後文看到，情商優勢正是卓越領導人、明星團隊，甚至整個企業部門的正字標記。

第十章 情商領導力

有家工程公司一度欣欣向榮，但在不景氣的時候走下坡，導致裁員與焦慮。執行長每週與高層團隊開會，每週的財務報告都很黯淡。然而有一週，財務長給出較爲正面的報告，這顯示情況已在好轉。但是，高層團隊幾乎沒有注意到——報告結束時，他們已迫不及待要進行下個議題。

不過，執行長發現她現在沒有那麼焦慮了，在聽到那項較爲正向的報告後，她甚至變得較爲樂觀。她想跟領導團隊分享她的好心情，於是說：「等一下，這是一份很棒的報告！情況已開始好轉。我們暫停幾分鐘來說說我們做了哪些幫助扭轉局勢的事情吧。」

於是他們照做了。他們談論著他們對情勢好轉可能有什麼樣的貢獻，這些高層主管開始恢復好心情；有的人甚至臉上出現了微笑。這個段落結束之後，會議室裡的氛圍維持歡快。當會議結束，高層主管離開會議室，他們的部屬看見自己的領導人看起來開心多了、放鬆多了，那些好心情於是蔓延開來。

那位執行長理解自己的感受，並將心情變好的原因分享給整個團隊。她在那一刻發揮情商，對高層團隊產生正面影響，隨之讓好心情如漣漪般傳遍了整間公司。坦誠面對自己的感受會建立起真實性，進而增強關係間的信任。

當一個組織的領導人熟練管理自己的情緒與他人的情緒，整家公司及其員工都能獲益，在每個方面都會有更好的表現。我們在二十五年前成立組織ＥＱ研究協會時，並沒有什麼確切的證據，如今有了來自研究數百家組織的大量資料，證實領導人、團隊與員工體現高效能因素——一種最佳狀態的集體迴響——的廣泛好處。我們已在第二章提過，這些好處包括：高工作滿意度、低離職率、增進參與度、提高士氣、更多「好組織公民」，以及獲利與成長增加的確實數據。

這些都要從高層做起，尤其是領導人。爲具有情商的領導人工作感覺很自由；我們似乎會更容易達到最佳狀態。人們將擁有更多好日子。

情商：不可或缺的領導能力

艾瑞克・亞當斯（Eric Adams）於二〇二一年當選紐約市長時，一再表示希望他的政府官員「要具備情商」。

事實上，他說這是遴選主要官員的「第一要件」。「不要跟我說你的長春藤學歷。不要跟我說你讀了什麼學校、你覺得自己有多麼重要。不要跟我說你基於自己的哲學理念想要做些什麼……我不想聽你的學術智商。我想要知道你的情緒智商。」[1]

華特迪士尼公司在二〇二二年開除了執行長鮑伯・查佩克（Bob Chapek），把前執行長羅伯特・艾格（Bob Iger）請回來，理由之一是查佩克缺乏人際關係技能。根據《紐約時報》的報導，查佩克似乎缺少同理心及情商，「導致他無法跟好萊塢創意圈溝通或連結。」[2]

領導人需要具有情商這點在數年前變得十分清楚，我們協會的成員克勞帝歐・佛南迪茲—亞勞茲（Claudio Fernandez-Araoz）當時是一家全球高階主管研究公司的研究主管，他提出了一個尖銳問題：「爲什麼看起來很適合一項工作的高階主管，在眞正上任後卻做不好？」雖然他的公司爲企業最高層職位尋覓的人選大多數都很成功，但還是有幾個人被開除了。

他分析這些被開除的案例，結果發現在世界各地，包含日本、德國、美洲，都是一樣的模式：這些高層是因爲商業專業知識等硬實力而獲聘，卻因爲情商的軟實力不足而遭開除，例如對部屬暴怒發飆。

克勞帝歐當時的直覺，如今已融入全球各地組織的標準營運程序。如同我們在第九章談到的，企業在招聘最高階管理層的職務說明逐漸增列「軟實力」項目，而不是硬實力。

我們當初成立組織ＥＱ研究協會官方網站的時候，吸引最多瀏覽數的主題是「情商的商業案例」，這也難怪。無論是小公司、大企業或是通常不用「損益」來思考的非營利組織，績效都是關鍵。時至今日，確切的證據顯示具備情商的領導人更有效能：他們的員工表現較好、工作心情較佳，他們帶領的組織也表現突出。

以針對一家大型公共服務組織高階主管的研究爲例。[3] 高層們接受一項情商測試，由他們的經理人評價他們「在此財務年度間達成商業產出」的表現。那些高階主管的上級與部屬們亦評價了他們的領導能力。結果：最具情商的領導人也是最有效能的。

此外，情商優勢與高層們的性格無關（例如，外向型性格沒造成多大差異）。就算是聰明——擁有高智商——也不會像具備高情商那樣讓一名領導人變得如此高效。

我們的同僚波雅齊斯和他的凱斯西儲大學團隊研究了一家金融管理公司的高階主管，他們手下有財務顧問及顧問的主管。[4]研究團隊請各部門高階主管的同僚與部屬評估主管不同的情商層面。接著，他們調查過去三年來每位高階主管招聘了多少名新進財務顧問——這是該公司用來作爲高階主管效能的一項ＫＰＩ。

領導人的高情商，意味著他們招募到更多財務顧問。領導人的整體心智能力與性格測試結果均無法預測他們的績效；唯有情商造成了影響。

情商對所有地方的領導人都很重要，甚至是教區牧師。[5]波雅齊斯團隊表示：「教區的牧師領袖對人們的生活與社區有所影響……從講道、募款到告解，他們必須運用情商去達成世俗與神聖的目標……」

研究結果是：教區牧師的情緒與社交能力愈高，教區居民的滿意度愈高。

高情商帶來的優勢可以運用在各個層面，從白領高階主管到藍領勞工皆然。例如，在一項針對煉銅廠工人的研究中，監督者的情商是工人績效的主要差別因素。[6]就可能影響工人績效的衆多因素來看，包括工作年資、年紀、教育程度、智商，或認眞盡責等性格特質。對了，還有這些因素的純屬運氣的排列組合。不過，這些因素只占工人績效差異的三〇%，他們主管的情商程度則占工人績效的七〇%。原來，重要的是工人與其老闆的關係。如果你討厭老闆，便會損及工作能力；如果你喜歡老闆，工作能力便會激升。

由多所大學共組的團隊所進行的一項統合分析，囊括了許多類似的研究，團隊成員包括我們協會成員隆納德．韓福瑞（Ronald Humphrey），其中廣泛地集結了許多不同種類組織的領導人。[7]他們的分析包括十二項不同研究，總計兩千七百六十四名參與者。結果顯示，領導人情商愈高，工人績效愈好——占二五%的差異因素。

考量到可能影響一個人職場表現的衆多因素，像是在職經驗、年齡、教育、智商、毅力等特質，因此統計學家會說，情商占二五%差異代表著極大的影響。來自亞洲、南美和歐洲等不同地區的資料顯示，此事在世界各地的文化之中皆然。

另一項統合分析是針對各類企業的六萬五千名創業家，檢視了財務成功、公司成長、公司規模等實際結果，以及主觀上的成功。然而，要成爲成功的創業家，有很大程度是仰賴人們管理他們自己的情緒，以及借助他們的人際關係。同樣地，高情商的企業家有著更好的成果。更驚人的是：比較情商與智商的相對重要性之後，他們發現情商的影響是智商的兩倍以上。[8]

☀帳面損益之外

潔西卡．安德魯斯（Jessica Andrews）是郡政府衛生部門的護理行政人員，爲了她所管理的護理師在監獄的工作方式，她跟當地警長爆發嚴重衝突。她的主管毫不遲疑地捍衛她，跟警長直接對質，並使他承認是他的不對。[9] 潔西卡是卡利的研究中沒有職業倦怠的案例之一；在往後的十年裡，她仍對相同職位感到滿意，盡忠職守——這很大部分是因爲主管的支持。

與潔西卡相反，另一位護理行政人員表示她從未得到老闆的支持：「一陣子之後，我失去許多動力與創意。我開始對自己感到不滿，或許也將這種情緒帶到了工作上。」遺憾的是，第二位護理師的經驗比較典型。一項調查發現，七五%的員工表示工作上壓力最大的部分是來自於直屬主管。[10]

領導人的情商攸關員工的績效，其背後有著強而有力的理由：員工與主管的關係是工作滿意度的最佳指標，因此也是整體生活滿意度的強力指標。[11]同樣地，一項統合分析指出，結合二十項研究中的四千六百六十五名員工後，發現較高情商領導人的員工對工作更爲滿意。[12]

但這不侷限於你和老闆的關係——你和同事的關係也很重要。如果老闆的情商較高，員工們比較可能特別去幫忙同事——也就是好組織公民。[13]

另一項指標是員工流動率，尤其攸關最佳員工是否會離職。一項涵蓋戴爾、電資系統、微軟和ＩＢＭ等大公司共二百六十名員工的研究發現，在高情商的老闆手下做事，員工比較不會跳槽。[14]研究者進一步檢視理由，結果發現這些領導人創造了更具挑戰性的任務、更多的信任、更好的溝通，也給員工更多的歸屬感。這些情緒氛圍的改善都會讓員工更不想辭職。

「雇主的責任僅限於支付薪水及安全的工作環境，員工福祉與公司無關」，這樣的觀念在數十年前開始改變。現在，我們比以往更加確知人們工作時的心情很重要。例如，微軟的「二〇二二年工作趨勢指數報告」（*Work Trends Index 2022 Report*）表示，相較於疫情前，員工們如今更可能重視自己的健康與福祉甚於他們的工作。[15]

研究者起初以爲員工的倦怠是出於性格，例如完美主義。如今事實已水落石出：你和老闆的關係更加重要。當領導人管理好自己的情緒，並爲他人提供同理心支持——比如潔西卡的主管跟警長的抗爭——員工便得以承受高度壓力而不致倦怠。一名主管告訴我們：「我的工作有一部分是保護部屬不受組織高層的瘋狂所影響。」

一家大型醫療機構的科技部員工花了兩週時間，每日接受福祉現況的調查，結果顯示，由具備同理心的主管領導的員工組別，抱怨頭痛及胃痛等身體不適的情況平均較少。有這些身體毛病的員工受到更多折磨，工作進度也受到影響。[16]

歐洲的研究者審視領導風格對員工福祉影響的研究報告之後發現，領導人所承受的壓力削弱了他們對部屬的支持、體諒及權力下放。相反地，反映情商的領導風格，對員工感受的壓力程度及情緒狀態具有正面影響。[17]例如，一項運動員與其教練的研究發現，教練高度情緒耗竭時，運動員也一樣；這類倦怠的教練往往採取獨裁風格，因此較少稱讚、發揮同理心與有效溝通。[18]針對任職於一家食品零售商的一群主管的調查顯示，在組織重整期間，領導風格屬於較爲樂於支持的主管，他們的下屬表示壓力較少，對工作較爲滿意。[19]

☀ 領導人與情緒勞動

一名兒童保護服務辦公室負責人一天早上醒來獲悉，他們輔導的一名母親前晚殺了自己的小孩，然後自殺。這是他們遇過最可怕的意外。他急忙著裝去上班，專注在眼前最重要的事，亦即在接下來數小時先放下自己的情緒，專心協助員工處理他們的情緒。

這件意外直接凸顯了領導人最艱鉅的一項任務。領導人的職責通常包括在公司艱困時刻展現光明的前景展望，或是懷抱著樂觀繼續前進，即便他們對公司策略心存懷疑。

這必然需要一些演技的成分，也就是需要壓抑某些情感，並向外界呈現另外一些。社會學家長期以來的研究中將這種職場表演稱爲「情緒勞動」（emotional labor）：管理你自己的情感，以履行職位角色受到的期望。雖然這項研究往往是以前線員工面對的情緒挑戰爲主——例如，即使面對無禮顧客仍須「面帶微笑地服務」——但作爲領導人，同樣需要這樣的情緒管理。

領導人從事情緒勞動的一個理由是：情緒在一個團體裡是會傳染的，領導人尤其會傳染給團隊成員。[20]領導人的情緒愈是正向，成員的情緒也一樣，而他們的績效會隨之改善。如果領導人心情不好，那種負面性會蔓延到整個團隊並拖累績效。這種情緒蔓延的原因是，人們自然而然會更重視與更注意團體裡最有勢力的人。這項經驗法則適用於執行長、其他最高階管理層，一直到整個組織，包括團隊的前線領導人。

比起以前，現今的領導人更常被要求執行情緒任務，例如要意識到工作對員工身心健康的影響，同時要兼顧公司損益。這種對憐憫與體貼的要求不只適用於對待他們的團隊，也適用於對待他們自己。領導人的情緒負擔是有代價的——他們自己產生倦怠或健康不佳的風險升高，更別說打擊自己的生產力。這種情緒勞動的需求，或許是領導職位高異動率的一個隱藏因素。

領導人可能淪爲刻板印象的受害者，認爲自己必須「堅強」，因而不願流露自己懷疑、焦慮或挫折的一面——任何可能被視爲「軟弱」的表現。女性或有色人種領導者尤其如此，他們或許覺得必須比同儕更努力工作，才能得到同等的認同，並成爲自己團隊的角色典範。[21]研究發現，在一些情況下，女性與有色人種會因爲表露情緒而承擔不良後果，白人男性則不會。[22]

值得說明的是：研究發現，願意承認人性弱點的領導者，更可能注意與因應部屬的情緒需求。[23]勇於承認自己的情緒極限，會讓別人也能安心表露自己的情緒。

領導人的情緒勞動要求，意味著要察覺到自身情緒，以便好好管理情緒，同時也要感受身邊人們的情緒，並好好處理彼此的關係。簡言之，這使得提升領導者的情商多了另一項理由。提升情商可有效緩和情緒勞動對領導人造成的後果，包括孤獨、忿忿不平及他們自己的績效低落，更別說健康和情緒問題。

舉例來說，領導者本人或許沒有察覺到壓抑自身感受、捏造光明前景所造成的負擔。現今，心理學認爲，這種內在壓抑會削弱領導人自我控制的能力，導致責罵員工或無禮的批評。爲了因應內心不安，有的人會酗酒，或在家中發洩工作上產生的負面情緒。

商學院沒怎麼幫助ＭＢＡ學生準備好面對他們的情緒負擔。另一方面，組織可以介入，營造一個安全空間讓領導人可以自由表達情緒——「心情不好也沒關係」（It's okay to be not okay.）。一項實驗發現，定期與領導人同儕碰面，在保密環境下吐露私人與專業苦惱，不僅可減輕這種情緒壓力，同時還能提升與會者的情商。[24]總的來說，協助領導人增進情商，可以讓他們獲得技能，更能因應情緒勞動的挑戰。對需要好好處理自身情緒和共事者情緒的領導職位來說，情商是最爲重要的。[25]

《哈佛商業評論》的文章指出，領導人執行這類情緒勞動的需求有所增加，促使組織協助高階主管與經理人更好地面對他們的情緒世界。[26]我們熱烈讚賞這個見解。

☀危機時刻的領導

詹姆士是一家大型醫療保險公司的資深副總裁，公司的一個部門曾經一度面臨格外艱難的時刻，該部門領導人必須休病假，但該部門業務正在接受嚴厲的監理調查。詹姆士明白「大家十分驚慌」，而他必須「提供安慰與鼓勵」，才能幫助他們度過難關。

詹姆士希望能伴他們左右，安撫與指引他們直到度過危機，但他的辦公室和這個部門距離超過一公里。因此，他將辦公基地暫時移到那個部門所在的一間會議室。

除了親自坐陣之外，爲了協助部門，詹姆士亦須管理好**自己**的情緒。他說：「我知道，若我驚慌失措地去到那邊，他們會更加恐慌，心想著：『老大，這個人是老闆的老闆，如果他來了卻沒辦法幫我們，我們可就麻煩大了！』所以我覺得我必須跟他們說明，這個情況不是很理想，但有時候這種事情就是會發生。我想我們做得到。」

他說對了。該部門僅僅數週便設法度過難關，成功因應監理調查。領導人對員工的影響在危機當中尤其重要，這正是考驗領導人情商的時刻，就像詹姆士那樣。[27]

再來看另一個例子，加拿大亞伯達省正在進行大規模的醫院組織重整，造成人心惶惶，[28]護理師與病患首當其衝。亞伯達大學研究人員訪調了該省重症醫院的六千多名註冊護理師。[29]在情商型領導人手下做事的護理師，回報的情緒耗竭與心身症狀少很多，情緒也更加健康。

事實上，高情商領導人的共事者表示他們的情緒健康在過去一年有所**改善**，然而，與領導人關係不和諧的護理師表示他們的心理健康在同一段時間惡化了。有著高情商領導人的護理師的回報，亦呈現工作團隊與醫師的合作更佳，對督導者及他們的工作更爲滿意。至於那些在缺乏情商的領導人手下工作的護理師，他們未能好好因應患者照護需求的事故是三倍之多。

有些職業的工作職責本身就是處理危機，例如「意外團隊指揮官」，他們得帶領消防員團隊撲滅美國各處最棘手的山林野火。波雅齊斯和他的團隊將傑出指揮官與平庸指揮官做比較，發現這兩群人的差異在於七項情緒及社交能力。最重要的差異是情緒平衡與韌性，其代表的是能夠適應艱困環境、對別人有同理心、擔任有效的教練／導師，以及能鼓舞人心的領導力。30

☀ 領導：一切都關乎影響力

桃樂絲是一家小型非營利社會服務機構的總裁，她預定在進行乳癌手術的前一天於志工招募會議上演說。

「那是我最不想做的事，尤其我也不是那麼外向的人，」她後來說，「然而，當我跟他們講話，開始談到我們服務的家庭和他們的需要，我看見聽眾們點頭附和，悄聲說著：『說得對』或『聽起來很棒』。我向董事會報告時也是相同的情況。」

桃樂絲明白，人與人之間的交流，尤其是講述感人故事，能讓人們更加投入。她指出：「重要的是與他人分享我的熱情、興奮與急迫感。我的能量和興奮鼓動了大家。」

這種人與人之間的影響力正是強力領導的核心，這需要運用你自己的情緒去影響別人。舉例來說，領導者表達出自己的傷心哀痛，可以安慰那些經歷了失去某人的人。[31]

在史丹佛商學院教導一門受歡迎的人際動能課程的凱蘿・羅賓（Carole Robin）指出：「現在的新世代領導人——可能成爲未來明日之星領袖的人——已經發現欠缺情感的話，要眞正鼓舞人們幾乎是不可能的。」[32]

雖然領導人公開表露自身感受可能有幫助，但必須做得很有技巧。職場常規決定了哪些情緒是「可表達的」、表達的程度可以到多麼強烈，以及應該何時表達。當領導人違反這些常規，可能會對員工與領導人自身的效率造成不良作用。**誰**可以表達情緒亦受到常規影響——例如，男性領導人總是能公開表達憤怒而「沒有後果」，同樣狀況下換成女性則可能遭受批評。

不過，無論喜歡與否，領導人都會有情緒。試圖壓抑或不願表露情緒，可能損及領導人的信用及影響力。同樣地，拙劣地表達領導人並未眞實感受到的「適當」情緒，也會有相同後果。這時情商尤其重要，能夠協助領導人表達符合環境常規的情緒，而且是自然而然流露出來。

以一家大型建設公司的執行長亞倫爲例。前任執行長在一項重要會議上突發心臟病而猝死，亞倫當時是公司第二號人物。亞倫與老闆很親近，深切感受到朋友亡故的痛苦。

當晚，他讓員工知道和他一樣同感哀慟是可以的。他前往事發時會議舉行的飯店發表談話，對全公司說道：「我要表達的訊息是『今天就別談工作了；我們失去一位家人，一位朋友……如果你眞心愛著你的家人，我建議你今天就跟他們說，因爲我們沒人知道自己的時間何時到來。』」那些話語以及亞倫表達的方式幫助了每一個人。

亞倫能夠很快在事情發生後便表達他的感受，而一些領導人可能需要等到比較平靜之後才能將感覺說出口，這是人之常情。

有毒的老闆

一家大醫院有著難以忽視的員工倦怠問題，該醫院的執行長和人資部門邀請卡利辦一場訓練課程來幫助他們的主管。

執行長問卡利，上一堂課他們做了什麼。卡利說他們談到，重要的是讓員工知道自己的價值，以及他們的貢獻有多麼重要。

執行長驚呆了，回答說：「我不信那一套。成年人就應該要拚命工作，不需要別人來稱讚他工作很努力。他們工作是有領薪水的。薪水就是他們應得的所有酬勞。」

聽到執行長那麼說，卡利更加明白爲何這家醫院有員工倦怠的大問題。

有毒老闆的負面影響遍及各行各業。一項涵蓋美國職籃六百九十三名球員與五十七位教練的研究，調查了教練風格與球員在兩個球季的表現。教練風格是依據「不當領導」（abusive leadership）及攻擊性兩項指標來做評估，球員表現則是用犯規次數與得分等實際指標來評估。那些有著不當督導教練的球員，犯規次數增加，得分降低——即便是在之後的球季也受影響。[33]

比起老闆和藹可親的時候，員工更容易回想起老闆對他們粗魯或生氣的時候。哈佛商學院的好日子研究發現，回憶的負向性偏誤或許是負面事件對人們心情的影響大於正面事件的一個理由（而且我們已看到心情對人們工作表現的影響）。這也表示經理人隨時都應該盡可能減輕手下人員的困擾。

我們的大腦似乎天生就會更加強烈記住生活裡出錯的事情，而不是讓我們心情好的事情——或許是出於求生的演化優先考量，讓我們思考下次遇到緊急事件或挫敗時該如何處理。[34]因此，孩童對於父母吼叫他們的時刻記憶深刻，勝過相親相愛的時刻。想想看我們跟所愛之人講話的情況。小孩惹我們生氣時——或是伴侶、配偶讓我們受挫時——我們是否出於沮喪而對他們大吼大叫？我們語氣裡夾帶的情感會幫助或傷害他人、加重或減輕他們的壓力。

由於我們通常更爲注意老闆的行爲與言談，他對我們的感受具有很大影響。許多研究已證實每個人內心都明白：與老闆之間粗魯、有欠思考、不文明的互動，會造成我們情緒起伏波動。差勁的老闆會降低我們對工作的投入、我們工作的滿意度，以及我們的整體心理狀態。[35]

同樣的道理，一個好老闆——溫文、有禮、尊重地對待我們的老闆——會增加我們對工作的滿意度以及對組織的忠誠度，進而提升我們的表現。[36]

這些意味著經理人必須謹愼發表批評，因爲批評比稱讚更令人感受深刻。老闆對員工的表現給予回饋時，或許沒有意識到他們自認爲溫和的訓斥可能被員工視爲怒吼。

☀ 領導人如何提升自己的情商

凱倫是一家大型工業食品服務公司的地區經理，當她獲悉他們的一名服務生向美國職業安全與健康管理局（OSHA）檢舉他們公司的作業慣例不安全時，極爲驚愕。凱倫當下的衝動是想「扭斷她的脖子」。

不過，她反而採取了開放、詢問的心態。她首先確認了公司的作業慣例沒問題，接著，她開始探討到底是什麼讓這名服務員氣到跟公司作對。她與這名員工的上級談話，觀察其工作表現，然後坐下來跟她談談。她沒有生氣地與那名員工對質，而是將這次會談當成好好了解這名員工生活的方式。雖然起初有些抗拒，但在凱倫的細心聆聽與溫柔詢問下，那名服務生開始談起她丈夫罹患癌症，以及他們在醫療照護方面遇到的問題。

凱倫不只展現了同情心，她還協助這名員工熟悉健保系統。那名服務生的壓力與憤怒解除了，職業安全與健康管理局也未發現作業慣例不健康的證據。

卡利與同僚科妮莉亞・羅奇（Cornelia Roche）請資深高階主管教練、人資主管和組織心理學家舉例說明擅長發揮情商的傑出領導人，於是聽到了上述故事。[37] 許多領導人都以類似方式運用情商能力。

一個常見的策略是考慮他們的行動對他人情緒的影響——一種自我覺察及同理心的舉動。舉例來說，麗塔是一家大型醫療科技公司的人力資源資深副總裁。當公司顯然無法達成高階管理層設定的績效目標，她做出了行動。以往即使績效不好，該公司的高層也會給自己發獎金，而較低階員工則拿不到獎金。

麗塔明白這會對員工造成糟糕的情緒衝擊。幸好，她說服了其他資深經理人和董事會將高階管理層排除在獎金池之外，並提供酌情獎金（discretionary bonuses）給應得的員工。

我們來看麗塔是如何運用情商的。一開始她就發揮同理心，意識到差勁的決定將在組織內部掀起壞心情的漣漪。儘管有時很難判斷一項決策或行動對他人的影響，我們不妨將心比心。

培養這種敏銳雷達的一個方法是：回想別人讓你心情不好的時候。問問你自己，是什麼讓你心情不好——語氣？肢體語言？說出的話或未說出的話？你或其他在場的人產生了什麼感受？你做了什麼回應？最後，如果你跟那個人易地而處，你會有什麼不同做法？

現在，回想別人讓你心情好的真實時刻。那就是你想要做到的。

☀ 另一種方法：換個角度思考

一家大型鋼鐵公司的營運長，我們叫他史丹利好了，每當有員工向他提出尤爲棘手的問題，他便開始感到壓力上升。他提醒自己：「這個世界一片混亂……十個走進我的門的人九個都有自己要面對的問題……以爲所有問題都是一個人搞砸了，或者他搞砸是因爲無能或疏忽，但這通常是過於簡單的想法。這個世界其實更加複雜。」

史丹利改變了自己的觀點，這是許多高效能領導人覺得有效的方法。這種自我管理能力可協助你重拾自己的情緒平衡，好讓你更加清晰地思考、更爲冷靜地行動。

另一個例子：一家大型建設公司的老闆羅德尼犯下嚴重錯誤時，會告訴自己：「好吧，別太責備你自己了。你不可能什麼事都做對。」羅德尼接著會提醒自己，在他的工作上，做決策好比是棒球的打擊率。「你不需要每天擊中球。你不會每件事都做對。我們都會犯錯……」

一項關於高績效領導人的研究發現，另一種情緒自我管理的有效方法是採取「詢問心態」（inquiring mindset）。[38] 你可以經由一項簡單心理練習來鍛鍊這方面的能力。回想一個造成你情緒衝擊的眞實困境，工作上或私生活的都可以。不要編輯你寫的內容，只管寫下你設想發生狀況時、腦海浮現的意識。想想另一個人（或人們）爲什麼那樣做。然後問你自己：「是不是我做了什麼才觸發了他們？如果是的話，我做了什麼？」然後是：「還可能有什麼事情也有影響？」

這裡的目標不是要「解決」問題，僅僅是要拓展你對事情的觀點——擴大你的情緒覺察，藉由考量不同角度以了解情況。

進入別人的角色

我們都有用來確認自我認知的個人旁白敍述、戲劇情節與場景，這些「個人秀」設定了我們心中認爲的自己，以及我們希望別人眼裡看到的我們。因此，能夠看見別人設想的自我，才是具有強大同理心的領導人。

領導人的情商大多可以歸納爲同理心。艾美是幼兒園的園長，時常就小孩的不當行爲與他們的家長進行棘手的對話。艾美努力保持同理心、不帶批判，方法是回想她自己孩子還小的時候。

「我是一名母親，」她說，「我回想起幼兒園老師爲了**我女兒**的事情打電話給我的時候，以及**我**當時的心情。」將自己放在父母的位置，讓艾美理解聽到這些對他們來說並不容易，尤其當他們的小孩是問題所在的時候。

「主動傾聽」可以在這些困難時刻派上用場。你可以找一些傾聽夥伴練習這項技巧，一些你熟識、可以自在相處的人。請他們告訴你在工作上或在家裡，讓他們高興、難過、焦慮或生氣的事。他們講話的時候，你要專注在他們告訴你的內容。

爲了促進自己的理解，你可以使用下列提示：

- 那對你來說是什麼感覺——再多跟我說一些。
- 那件事發生時，你覺得如何？
- 對此你有什麼感受或想法？
- 對於這種情況，有什麼是別人可能不知道的？
- 你對此有什麼看法？

• 你還有什麼想跟我分享的嗎？

聽別人講完後，用你自己的話向他們重述一遍，問他們你有沒有理解錯誤。請他們說明你誤解或正確理解的地方，然後讓對話自然發展下去。

以下是有關領導人情商的一些關鍵重點。擁有情商能力——特別是自我覺察和同理心——可以增強領導人的正向影響。能夠公開自身情緒的領導人被認爲眞誠可靠，進而能在關係中建立起信任。研究發現，當領導人擁有較高的情商，便能預測其部屬會對工作更爲滿意、績效較好、參與度也更高。這些全都有助於獲利與成長。

另一方面，有毒的領導人——低情商的人——在這些指標全都表現較差。領導意味著情緒勞動，那可能是一項累人的差事。但有很多方法可以提升領導人的情商，包括增加情緒韌性。

結論：高情商領導人可能會對他人的福祉與表現產生巨大影響，使他們進入最佳狀態。如果領導人培養與滋潤別人的情商，便能進一步強化他們自己的影響力。想想這對一個團隊的意義吧。

第十一章

高情商團隊

組織ＥＱ研究協會（ＣＲＥＩＯ）於一九九六年草創時是一個九人團體，每幾個月聚會一次，學習當時還很新奇的情商觀念。他們各有相關的專業領域，但不是對每件事都有一致看法。空氣中瀰漫著一種緊張氣息，團體成員小心翼翼地不去破壞不穩定的平和。

之後進度便陷入停滯。因爲沒有什麼成果，一名成員建議我們暫停一下，討論什麼地方出錯了。這不是輕鬆的討論，但最後我們團體發展出一套互動模式——也就是團體中的常規——目的是讓會議更具生產力。

其中一項規定是「每個人，不只是主持人，都應該在我們脫軌時將我們拉回來，促進團體產出，對我們的程序提出意見。」這可能意味著，比方說，請大家澄清討論的方向，總結剛才討論的議題以確定大家都理解，並指出大家理解不一致的地方。另一項規定是

「運用良好的傾聽技巧」。其中最重要的或許是，這個團體在每次會議開始時都會複習全部規定，以提醒自己接下來的行爲該當如何。

從那時候開始，那個團體變得欣欣向榮，完成了數項研究專案、書籍與文章。儘管入會的門檻很高，我們協會已發展成爲世界各地逾百名會員的網絡。

CREIO的案例顯示出一項關於團隊的有力眞相。雖然成員們已經研究情商許多年，還教導別人如何管理與運用那些能力，但他們自己也無法達成最佳表現，直到他們直面自己該如何**以團隊共同合作**。歸根究柢，問題不在於團隊裡的任何個人，而是他們的互動模式。當團隊成員擬定新的團隊互動規範——大家同意的準則——情況就有了明顯的良好改變。

雖然可能需要許多個月的持續訓練與練習才能增進一個人的情商，但團隊只需一次會議便能提高一定的情商，只要彼此同意成員們互動的方式，然後修改互動的常規就可以了。當然，轉變不會因爲一次會議便發生，還需要持續的覺察、回饋與練習。一些團隊成員或許需要額外協助，以管理他們自己的情緒以及和他人的互動。不過，將焦點放在整個團隊，通常可以更快速且強力地推動改變的進程。

團隊合作現在已經變得前所未有地重要。《哈佛商業評論》的脈動調查發現，八九%的企業領袖認爲團隊合作「攸關他們的生產力與創新策略」。[1]當團隊的表現達到巔峰水準，便能對組織的利潤產生巨大影響。一項蓋洛普職場報告發現，相較於低參與的團隊，高參與的團隊生產力高出一四%至一八%。該項蓋洛普調查亦發現，相對於高參與的團隊，低參與的團隊人員流動率高出一八%至四三%。[2]要記得，替補一名員工的成本可能遠高於那個人的薪水。

其他研究則發現，團隊功能失調時，會形成嚴重後果。妮雪兒・卡本特（Nichelle Carpenter）與羅格斯大學同僚分析了數十項研究之後發現，團隊頻頻發生反生產力的職場行爲——打混、霸凌和遲到——會顯示出客戶滿意度與獲利下降。[3]

此外，還有團隊領導人的影響，不管是好是壞。研究發現，團隊領導人的自我意識與團體整體情緒氛圍之間存在強烈關聯。[4]資料顯示，使用情緒與社會能力量表（ESCI）評估領導人之後發現，依據領導人的低自我覺察，可以預測他們領導的團體氛圍不佳。如果你的經理人情緒自我覺察低落，你的團隊很有可能對你的績效幫不上什麼忙。相反地，擁有敏銳自我覺察的經理人，意味著你更有可能、更常達到最佳狀態。

優秀團隊的組成是什麼？

谷歌的軟體工程師自認知道如何組成一支優秀團隊。如同一句日本諺語所說：「我們全部加起來比我們之中任何一個人都聰明。」所以，將一群絕對聰明的人放到一個房間裡，他們便會開發出很棒的產品，對吧？

抱歉，事實並非如此。畢竟，谷歌向來只雇用最優秀的人，因此，爲了找出是什麼能讓公司的一些團隊如此優秀，其他團隊則差強人意，谷歌的人蒐集自家公司近兩百支團隊的資料。一些團隊來自工程部門，其他的來自銷售部門，其中皆包括高績效與低績效團隊。[5]

谷歌研究人員蒐集他們與其他研究者所能想到有關團隊的各個層面：成員組成有誰、任職期間、位階與坐落地點等外在特徵，以及內向與責任感等性格特質。他們亦探討團隊的群體動能，詢問團隊成員是否同意「我可以安心向團隊表達分歧的意見」等陳述。

到頭來，最重要的因素與團隊合作的方式有關，而不是團隊成員有哪些人。「到目前爲止」，最重要的因素是**心理安全感**。換句話說，這種團隊的人覺得可以安心去冒險，而不會被團隊成員視爲破壞分子，或者在谷歌來說更糟的，被視爲無知或無能。

在具備高度心理安全感的團隊中，成員們相信團隊裡不會有人因爲別人坦承錯誤、發問或提出新點子而使自己難堪或受罰。[6]有著高度心理安全感的團隊成員，更能善加利用成員們提出的不同概念。這種心理安全的團隊帶來更多收益，「被高階主管評爲擁有兩倍之高的效能」。[7]

谷歌亦發現另一個團隊效能的有力預測指標——清晰度——與心理安全感有關。清晰度很重要，因爲團隊成員若不清楚自己要做什麼、不清楚團隊的目標，便不太可能有安全感。

智商並不是那麼重要；團隊成員的平均認知智力或他們先前的資歷是最弱的預測指標（當然，他們公司可能有智商的「地板效應」：谷歌以雇用高智商人員自豪）。成員的性格特質也不那麼重要；最重要的是領導人做了什麼來協助營造團隊的心理安全感。

歸屬感

你覺得自己歸屬於團隊嗎？團隊讓你有家的感覺嗎？這些是另一項心理安全感指標的重要問題。

「安全感很美好，但人們仍會有所保留。」組織EQ研究協會的成員凡妮莎．杜魯斯卡特（Vanessa Druskat）表示；她有多年的團隊研究與顧問經歷。「他們不想得罪別人。更重要的是，他們不想拱手讓出自己的祕訣。你爬上愈高的階級，人們便對你保留愈多資訊。那也許是他們出類拔萃的原因，對吧？所以，他們或許心想：『如果我跟團隊分享這個，就不再是我的了。』而在知識經濟中，知識就是力量。」

因此，杜魯斯卡特認爲，眞正的挑戰在於搞淸楚如何在團隊裡建立一種安全感，讓成員們不會保留重要資訊。這便是歸屬感發揮作用之處，歸屬感是建立心理安全氛圍的方法。她指出：「歸屬感讓你敞開心扉。」團隊成員開始分享更多需求與資訊之後，心理安全感便會提升，進而產生更多的歸屬感。

杜魯斯卡特發現，當團隊成員有歸屬感，就會更有信心地發表看法、更自由地分享創意、更充分地做出貢獻。團隊歸屬感是有效合作的潤滑劑，而有效合作正是每個組織所視爲頂尖團隊的標誌。況且，歸屬感讓人們樂於作爲一名團隊成員；他們對彼此更有幫助。

團隊成員可以注意一些細微的歸屬感跡象，藉此判斷誰有歸屬感、誰沒有。杜魯斯卡特發現，這些跡象通常是非語言的行動，也就是未必會化爲話語的舉動。例如，最強力的非語言行動之一，是有人斜眼看我們或對我們皺起眉頭。當我們感覺有人不贊同我們，便很容易假設那種不滿意是普遍存在的，我們被視爲不屬於這個團隊。

我們在任何團隊工作時，都會不自覺——而且可能是不斷地——搜尋他人贊同（或不贊同）的跡象，藉以判斷我們的歸屬程度。無論我們對自己多麼有信心，在一個群體之中，安全感來自於一些定期性的跡象，會顯示你很重要、你有價值、你是個有價值的成員。

那些跡象或許只是小事，比如你講話時每個人都有在注意或做筆記，或是有人同意你講的話。若缺少這類保證，我們便會提高警戒；我們可能會審查自己說的話，不願採取冒險立場。你或許以爲人們覺得受到排擠時會去迎合奉承，但杜魯斯卡特發現，遭受排擠的感覺一開始會讓人們想要融入，但最終造成不良行爲；情緒爆發、憤怒、打斷別人發言、講話超大聲。她認爲這些都是人們渴望重拾歸屬感的跡象。

對於歸屬感，新冠疫情絕對沒幫上忙。杜魯斯卡特發現，會議改爲線上而非實體後，由於看不見許多非語言跡象，建立心理安全感與歸屬感變得更困難。她發現，虛擬會議「不太一樣。你得不到面對面時候的那種情緒共鳴。你不會感覺到自己屬於什麼事物的一分子。」那或許是許多居家工作的人認爲（至少部分時間）回辦公室上班還不錯的理由之一。

☀ 一加一大於二

早在谷歌開始研究頂尖團隊之前，杜魯斯卡特便進行過類似研究。她去到一家大型製造工廠，那裡有三百支團隊，和谷歌的研究者一樣，她首先找出哪些是頂尖團隊。他們調查具體的績效指標，亦對高階主管與團隊成員組成的焦點小組詢問「誰是最棒的？」，接著，杜魯斯卡特專注在各項指標都是前一〇％的團隊。根據杜魯斯卡特的說法，她徹底而詳盡地訪問那些團隊成員，試圖找出他們與其他團隊不同的地方。

杜魯斯卡特並沒有止步於那一家公司，她與史蒂夫・沃爾夫（Steve Wolff）使用相同方法研究了數家其他公司。例如，他們找出嬌生（Johnson & Johnson）頂尖藥物研發團隊以及一家聚酯纖維工廠的最佳團隊，研究他們之所以傑出的原因。[8]在數家公司重複這項流程之後，逐漸浮現一個梗概。

杜魯斯卡特和沃爾夫發現，開發出那些一致認同的互動模式——也就是常規——的頂尖團隊營造了正面情緒環境。例如，其中一些常規在團隊成員之間創造出心理安全感與信任感——不過，還有許多常規與其他方面有關。創建一支高績效團隊的關鍵，是團隊對內與對外的自我覺察及情緒調節。他們發現，這樣的常規在這些傑出團隊的成功原因中最高可占三〇%。他們指出，這項競爭優勢是出於團隊整體層面的情商。

杜魯斯卡特和沃爾夫在一個**團隊情商**模型中標示出這類常規的數個層面。[9]他們將高績效團隊的集體情商分爲三大「規範組別」，頂尖團隊擁有與這三大組別相關的常規。

第一組規範創造了團隊的自我覺察，是團隊成員互相照顧的基礎。這些常規幫助團隊發現並了解「成員們的需求、觀點、技能與情緒。」杜魯斯卡特發現，團隊想要達到最佳狀態的話，成員們必須談論「他們自己的需求，談論他們自己，談論團隊……雖然無法隨時隨地做到，但需要定期這麼做。」

例如，許多團隊會在會議開頭的例行程序中進行這件事，讓大家對彼此的感受有一定認知。這項簡單活動可以促進整個團隊的自我覺察。成員們或許會提出他們的擔憂或他們自豪的事——這些都讓團隊成員更加強烈地意識到每個人。

還有些團隊層級的情商規範與團隊運作模式有關——團隊成員了解團隊本身，建立對團隊的自我覺察，包括團隊如何自我管理。這種團隊層級的自我覺察意味著團體「對團隊的表現、團隊的集體情緒有所認知，並且尋求資訊以協助評估自己團隊的表現。」

舉例來說，惠普（Hewlett-Packard）公司的一支團隊實施著「人際了解」的規範。他們交叉訓練成員，好讓每個人都能替補缺席的成員。可是有一名成員很抗拒，因爲他對於學習新技能感到焦慮。幸好，該支團隊很早便明白，事情不對勁的時候應該先了解成員的行爲，而不是嫌他麻煩。因此，他們做出特別措施，爲這名焦慮的成員提供額外援助。對彼此的情緒有所覺察，已成爲這支團隊的實用規範。

高績效規範亦包括**對成員的團隊管理**，等於是團隊層級的個人自我管理。這套規範包括成員們展現對彼此的關懷，基本上，這可以視爲「一個團隊尊重地對待成員、支持他們、尋求他們的觀點、認可他們努力的程度。」

另一方面，如同個人的自我管理包括了處理自己紛亂的情緒，就團體而言，這表示要對付違反團體規範或破壞他們效能的成員。這種「對付」可用輕鬆的方式進行，單純提醒那個人他違反了什麼規範。

比方說，在創新設計公司ＩＤＥＯ，如果你在某些團體開會時打斷別人講話，你會被大家投擲小動物玩偶。這是一種實施潛在基本規則的有趣方法，該規則就是大家必須聽別人把話講完，好讓人們都可以說完自己想說的話。彼此關懷與對付違反規範的成員，可以並存不悖。

有些規範可以建立**團體自我管理**，意思是團體「預期問題及採取行動以預防問題，同時負起責任努力克服挑戰。」我們在本章開頭提及的CREIO初期會議即爲一例。進展不順利的時候，我們停下來，花時間討論情況，進而設定一套奉行了二十五年的規範。

另一組高績效團隊的規範，關注的是該團隊如何與組織內的其他單位往來——團隊層級的關係管理。這些規範讓團隊更加了解跟他們有關係的人，進而與其建立正面關係。

儘管團隊的內部環境很重要，想要成爲高效團隊的話亦需要外部觀點。第三組規範可視爲團隊層級的組織覺察，也就是指團隊試圖了解組織內其他部門的擔憂、自己團隊的運作如何影響他們，以及團隊對組織大目標做出的貢獻。這種了解的結果之一，或許是助其他團隊一臂之力——比如在一個獎項中提名他們——以增進與他們的關係。

某家製造業公司的一個團隊認爲他們需要再多花三個月生產某一項產品，才能超前進度。不幸的是，這意味著另一支下游團隊將承擔超量的庫存。這支不堪其擾的下游團隊試圖向第一支團隊解釋問題時，第一支團隊的成員很不高興。他們認爲超前進度才能讓他們看起來更有績效，完全不想去理解與幫助另一支團隊。在這個案例中，缺乏相關規範去接觸與了解組織其他部門可能受到波及，傷害了整家工廠的生產力。

對其他部門需求的理解，可以讓人直接了解一支團隊如何管理與其他部門的關係；高績效團隊是主動積極的，會與可能影響他們績效的其他部門建立關係——例如向對方提供資源。如同杜魯斯卡特所指出：「重點是了解與我們利益相關的人，與他們建立關係。很多時候，這是團隊領導人的工作，因爲我們往往將團隊領導人視爲界限管理者，他們會在外出後帶一些東西回來。但我們發現，在頂尖團隊中，每個人都這麼做。」

高績效團隊做到這點的一個方法，是指派某些團隊成員擔任「大使」，協助團隊與組織裡的重要利益相關者建立良好關係。這讓團隊與日後可能提供協助或資源的部門培養起更堅固的關係。「你不必等待他們來找你，」杜魯斯卡特表示，「你主動與他們建立良好關係。他們便會在你需要的時候提供資源給你。」

團隊情商的規範絕對不只是理想模式。杜魯斯卡特與她的同僚使用這些規範作爲指引的地圖，協助各種團隊培養這些能力。[10]

☀ 團隊情商

杜魯斯卡特發現，藉由協助團隊了解團體層級的情商規範，成員們提升了他們的自我管理、同理心和人際關係技能。杜魯斯卡特稱這種增強情商技能的方法爲「團隊情商」，利用團體動能來建立成員們的情商能力。[11]

杜魯斯卡特運用這種方法將她的研究化爲現實，協助團隊建立集體習慣，讓他們的互動更具社交性與情商——進而提高生產力。第一步是針對團隊規範對團隊成員進行問卷調查（匿名回答），問題包括「團隊裡的每個人是否都了解彼此？」，這是團隊建立更好的集體習慣所必需的。接下來，將那份資料分享給整個團隊，團隊的每個人一同檢討資料並討論如何改進。再來，團隊共同決定從何處開始改變規範，通常先挑選三或四項來著手。重要的是，團隊成員會自行決定如何用更好的方法實行規範。

杜魯斯卡特指出，由於現在人們總是時間緊迫，花在作爲一個特定團隊成員上的時間少之又少，因此，新習慣要成爲規範或許需要數個月的時間。她發現，這主要取決於團隊領導人對情商的重視，並爲改變付出充分時間與努力。

杜魯斯卡特與同僚協助各行各業開發團隊情商規範，像是軍方、能源公司、醫院、銀行與金融服務業、大學、科技公司和零售商。許多公司以團隊達成多少比率的組織目標來評估團隊績效。在其中一項個案，杜魯斯卡特評估了進行專案的MBA學生團隊，發現那些團隊的團體情商愈高，他們的專案得到的教授評價就愈高。[12]

更加嚴格的測試

杜魯斯卡特與沃爾夫的高績效團隊之團體層級情商模型，來自於他們與各種不同團隊的親身合作。但他們並未進行科學方法的下一步，亦即實驗。針對杜魯斯卡特的觀點，也就是團體層級情商可創造出高績效，卡內基美隆大學心理學教授阿妮塔・伍利（Anita Woolley）進行了更嚴格的測試。與麻省理工學院及聯合學院（Union College）的同儕合作，她研究了數百名在二到五人團隊工作的人士，試圖發掘團隊效能的最有力預測指標。[13]

如同谷歌的案例，研究人員起初假設團隊成員的平均認知能力可以預測其效能。然而，伍利的團隊發現，團隊平均智力與其合力完成拼圖之間沒什麼關聯：超高智商的團隊未必表現更好。

高績效的最佳預測指標落在情商領域：團體成員的社交敏感度、輪流發言的平均分配，以及（或許令人驚訝的）團體裡的女性比率。換言之，最佳團隊的特徵是，成員們對其他成員的情緒與需求有高敏感度、輪流發言好讓所有人都講到話——這或許是因爲女性成員多於男性。（假如進一步研究這種性別比率，對組織尋求促進平等的更佳方案來說可能是一項有力的數據點。）

心理安全感並不在伍利研究的評估項目之中，但其結果顯示這是一個重要的潛在因素。當團隊成員對其他成員的情緒與需求具敏感度，便可能採用讓大家感到更安全的行爲方式。當大家都開口發言——即便是那些時常因爲害怕被嘲笑而退縮的人——這象徵團體裡有較高水準的心理安全度。

這些高效能團隊中存在一種「良性循環」，團體規範有助於更高的心理安全感，而安全感又回過頭來增強了那些規範。例如，強勢成員被規勸不要打斷別人說話，讓不敢講話的人更可能出聲發表意見。當團隊的每個人都能自在提供意見，最有可能構想出最佳解決方案。

能夠增進團體心理安全感的所有因素，例如歸屬感、成員們的社交敏感度與對話輪替的均等分配，都帶我們回歸到團隊情商。當大多數團隊成員感受到歸屬感，便能察覺何時可以安心地表達自我。當他們能夠熟練地以建設性的方式去做，並鼓勵別人也這麼做，心理安全感與歸屬感就會蓬勃發展。情商亦協助團隊成員察覺其他成員的感受，以及他們爲何有這種感受。情商意味著他們實踐更好的自我管理，營造出大家均可貢獻意見、而不是只有少數強勢發言者的空間。

伍利與她的團隊發現這個情商連結的一些具體證據。他們請實驗參與者進行「眼神讀心」（Reading the Mind in the Eyes）測驗，參與者要看著照片上的臉孔敘述其想法或感受。較爲成功的團隊在這項同理心評估中得分較高，效能不高的團隊則得分較低。[14]

許多關於團隊情商之影響的研究，若不是以成員們的平均情商爲基準，便是依據領導人的情商。但是，研究者發現，團隊**文化**——規範的總和——對行爲有更大的影響，勝過個人態度或性格。團隊文化歸根究柢就是團體規範，再次證明團隊集體情商的核心重要性。

數項研究已證實情商與團隊效能之間的連結，例如，針對一座大規模水力發電廠的專案團隊進行的研究，發現了團隊集體情商與團隊績效之間的正向關聯。[15]另一項類似研究發現，專案經理人在工作上投入更多情商，其團隊便有更好的表現；情商亦使人更加盡忠職守。[16]在管理複雜專案時，領導人運用情商提升了團隊績效，發揮管理衝突等人際關係技能，並影響成員們對待彼此的態度，努力邁向共同目標。

研究發現，團隊情商有實際的好處。比方說，一項關於軍事組織團隊的研究發現，團隊情商有助於減少原物料浪費、減少意外發生、提高達成飛行目標的比率。[17]個別團隊成員的情商水準與團隊績效之間似乎也有關聯，高情商團隊成員增強了有效合作、溝通與目標設定。[18]

多元、平等與包容

一家工程公司擁有多元、平等與包容等方面的良好紀錄——至少乍看之下是如此。該公司雇用相同人數的女性及男性工程師，這不是一件小事，因爲持有工程學位的女性人數少很多。[19]但是，仔細一看便會發現，女性未得到相同的晉升比例，且離職人數高出很多；非裔美國人離職的比例則是平均的三倍之高。雖然該公司的雇用數字看起來不錯，其他指標則訴說著一則失敗的故事。

提升職場多元、平等與包容（diversity, equity, and inclusion，簡稱ＤＥＩ）的努力已持續數十年。ＤＥＩ運動依據的是以下前提：數據上的多元化不足以構成最佳工作環境。雇用更多女性及有色人種並不能確保他們得到平等待遇，或者成為工作團體裡真正被接受的成員。強制性的多元化，意指一家公司雇用少數族群只為達到某些配額，這可能在心理層面引發反彈——受雇者擔心自己或許不符資格，同事們則可能認為他們一開始根本不該被雇用。

另一方面，歸屬感營造出一種包容與多元的氛圍，所傳達的訊息是：「歡迎你來到這裡，我們**很高興**你來到這裡。」這項訊息在你最常見面的同事之間能夠最為有力地傳達出來，無論是辦公室夥伴或團隊成員。

相反的情況是：感覺自己不屬於一天得待上八小時的地方會是什麼樣的心情。你會懷有戒心、退卻、不敢毫無顧慮地表達自己的感受。簡言之，你覺得職場不是一個安全空間。每個人都有歸屬感，才是更為健康的職場。

可惜的是，有許多提升包容與平等的努力均以失敗告終。[20]多元化訓練尤其問題重重，原因之一是大家往往是被迫參加，一開始便產生厭惡與抗拒。此外，訓練計畫有時變成是在「審判」白人男性，導致強烈反彈，最後可能適得其反。

正如《紐約時報》一封投書的作者指出：「對白人——或任何歷史上的特權團體——施加罪惡感，無助於創造DEI成果。」[21]他接著寫道：「DEI訓練應當協助人們真心探討並了解個人與人際的態度及理念，從而協助我們轉變在文化與機構層面的參與度。」儘管坊間的多元化工作坊五花八門，但我們認爲，對於推動DEI倡議最有幫助的是情商的實踐——尤其是同理心與團隊技能。

研究亦顯示DEI訓練本身的價值有限；我們還需要對組織裡的包容與平等問題採取具體行動。哈佛甘迺迪學院的羅伯．李維史頓（Robert Livingston）發現，最成功的組織會「診斷他們確切的DEI相關問題，再提出具體的解決策略」，[22]例如針對少數族群的輔導計畫等。

再談回來那家工程公司。執行長認爲他們在DEI方面還有進步空間，於是，負責多元與包容的副總裁請來一名值得信賴的外部同僚，擬定一項以情商爲本的DEI計畫。

這項計畫首先從半天的培訓開始，參與者僅有七名資深副總裁，聚焦在一項練習上，使他們認知到他們每個人在人生中某個時刻都會遭到排擠。這項練習透過詢問一連串的問題來開頭，例如：「你是否經歷過有人只因你的長相、說話方式或其他事就對你做出預設？」其中一名參與者是來自德州的男士，他向大家說：「人們聽到我的口音那一瞬間，就會將我的智商扣掉二十分。」

明白大家都曾經歷排擠與偏見，並且親身回想起那種感受之後，他們接受了我們協會成員史蒂芬・凱爾納（Stephen Kelner）設計的訓練方法，用意是強化他們對包容與排擠議題的同理心，訓練內容是用中立問題探討彼此的故事，像是：「你有什麼感受？你當時在想些什麼？」[23]

然後，他們要用這種結構化的方法與他們的直接部屬、旗下團隊成員和其他人進行一對一討論。中立問題降低了高階主管們自己對探討敏感議題的焦慮。他們在報告訪談的情況時，有人反映「這個經驗改變了我的人生」，以及「這對我們兩人而言都是一個頓悟的時刻」。

最關鍵的是，這些高層見證了展現他們對敏感性議題的興趣，對自己與他人都會產生正向影響：展示同理心拉近了他們的距離。至於ＤＥＩ，主管們自覺已更加準備好公開面對這些問題。理由之一是他們已學會如何帶著情商探討敏感議題——表達同理心，同時控制他們自己的反應，並且增強人與人的連結。這讓他們相信自己手上有了「軟實力」工具組，可用於多元化及包容性等高風險領域。加上他們對偏見的自身體驗，在發生這種議題時創造出採取行動的隱性動機。

原本的執行長在此計畫展開兩年後退休，新執行長廢除了計畫，委員會成員繼續倡議包容與平等。最戲劇性的時刻之一發生在公司位階最高的二十五人的會議上，這個高階主管團隊的一名成員起立發言：「我還以爲我對多元與包容已知道得夠多了。不過，還是有我沒看到的事情，還是有我沒聽到的事情。我承認我錯了。還有很多你們沒看到的事情、沒聽到的事情。我們必須解決這一點。」

☀學習圈

比爾是問題人物。團隊裡的其他人都合作無間，他們傾聽彼此、確定自己沒有獨占討論、盡量不自我炫耀。但比爾不是好的團隊成員，他誇耀自己、霸占討論時間、固執己見。更糟的是，他會說出貶低他人的言論。他很聰明，工作辛勤，總是達成或超越目標，但他在團隊會議上的破壞性與批判立場已影響到其他成員的表現，讓他們的生產力大幅下降。

我們協會的一名成員提出這個「比爾問題」，希望與會的其他人可以想出解方來處理他的破壞行爲。有一個建議是運用CREIO所發現的實用規範形式：團隊共同設定規範彼此行爲的「交戰規則」（rules of engagement），並在每次開會前複習一遍，直到大家都爛熟於心爲止。

第二項實用建議是：確保其中一條交戰規則是用來處理每當有人言行不當時，其他人該如何應對。一個好方法是指出：「我看到你做了什麼，而你的言行造成了這樣的影響。」

第三項建議：協助團隊更加深入、更有意義地認識彼此。CREIO會議的一名與會者提出了一個在他自己公司實行良好的方法：「我們了解彼此價值觀的方法，是請每個人找出自己心中前五名的價值觀，和團隊分享。用這個方式了解彼此之後，我們便對別人更加寬容。我們亦能以有益方式挑戰彼此——如果有人的行爲違背他自己的價值體系，我們會點出這件事。」

CREIO會議的這種討論是「學習圈」（learning circle）的一個好例子，學習圈指的是一個向彼此學習、定期聚會的小組。這類似於芝加哥地區數家公司的經理人與高層主管分成小組、每月開會的那個實驗；每個小組包括來自不同公司的九名經理人或高階主管、一名受過訓練的會議主持人，以及一份說明交戰規則（會議規範）的手冊。

這些規則的宗旨是爲了創造安全環境及鼓勵正向社交互動的習慣，其中一些規定如下：對會議內容保密、專心聆聽、不發表高見、絕不攻訐或貶低別人，以及等到每個人都發言過一遍後，才能第二度發言。

每個月都會由一名成員提出他的「眼前最大的問題或擔憂」，附加那名成員個人歷史的背景資訊。其他成員專心聆聽，不提出任何問題，直到那個人的發表結束爲止。此時，成員們可以發問以釐清資訊，但不給予建議。等到發問階段結束，成員們可以分享他們遭遇類似問題的個人經驗。

學習圈程序到此結束，除非報告人希望得到忠告。如果報告人確實想獲得忠告，成員們可以用一分鐘的時間說明如果是他們的話會怎麼做，但只能說「我」會怎麼做，而不能說「你應該」怎麼做。

在這項計畫進行的第二年，會員們可以報告個人憂慮或問題，同時也可以提出公司相關問題。他們拿到一份「七種情商習慣」（Seven EI Habits）清單，還有每個月練習一種習慣的指引，像是「練習好好傾聽」及「試著每天都眞誠地讚美某人」。

遵守這些情商規範的回報：兩年後，參與學習圈的企業領導人經過三六〇度測試，顯示情商大幅增加，而隨意指定的對照組則無改變。[24]

我們從中學到的是：將情商納入規範的團體，其成員單是參與便能提高個人情商，未必要參與以提升情商爲目標的明確計畫。

即便採用的是虛擬方法，一樣能幫助團隊運作得更爲良好。西班牙的一個團體根據杜魯斯卡特和沃爾夫的團隊情商模型，設計了一項線上訓練課程。接受訓練的團隊在解決問題的任務上，表現優於對照組。[25]

谷歌曾實驗過團隊工作坊，訓練員提出可增強或降低心理安全感的行爲所構成的情境。這些情境會用角色扮演來呈現，讓它們尤其生動。即便是想像的高心理安全感團隊，都能在實際生活中有增強的效果。[26]

有時候，單是提供團隊一項新規範，便能產生影響。在一個案例中，與一支團隊合作的顧問提供了一項技巧，協助他們用體貼關懷的方式給予彼此建設性回饋，這個技巧是要在開頭說：「我有一份禮物想送給你……」杜魯斯卡特協助另一支團隊採用下列規範，以增強所有成員的歸屬感：「每當團隊裡有人說話時，不論是誰，我們都要放下手機。」再以醫院重症病房爲例，許多患者經過長時間治療後亡故。醫護人員在那段時間已經與許多病患變得親近，那些患者的死亡讓他們尤其痛苦。當這些病患的醫護團隊被教導該如何說出他們的問題，並想出自己的解決方案之後，他們更能好好處理這種壓力。[27]

＊　＊　＊

關於團隊的一些重點提醒：一個團隊的績效有很大程度取決於成員們的互動方式，亦卽規範。谷歌公司裡的高績效團隊擁有強烈的「心理安全感」，也就是成員們有一種「歸屬感」。這種安全感反映出一種不帶負面批評的集體自我覺察規範，這是存在於各個最高績效團隊的數種情商規範之一。這些團隊情商規範與一般高情商個人的規範類似，只不過是發揮於團體層級。有許多方法可以幫助團隊提升集體情商，其中一個跡象是：多元與包容的正向氛圍。

正如同一個團隊的文化取決於成員們遵守的規範總和，放大到整個組織也是如此。一切都從訓練開始。

第十二章 實用的情商訓練

大家都知道傑瑞是個混蛋。他被聘爲執行副總裁，是基於他提升前東家收益的傑出紀錄，但他的直接部屬都視他爲怪物：他會勃然大怒、公開羞辱人、冷漠疏離。更糟的是，他絲毫不明白這些有什麼不對。

他的公司是否有辦法避免找上傑瑞這種問題人物？想辦法篩選人們的情商已成爲一種聖杯，因爲如此一來，企業可以只雇用高情商的人。那麼，何不對雇用人選或晉升人選進行情商測試？後果請自負，如果你沒注意到這點：情商無法輕易自行評估。

舉例來說，傑瑞不明白自己的短處。這種人會毫無包袱地將自己評爲情商很高，即便身旁的人都能看到顯而易見的缺點。因此，想要眞正評估某人的情商，就需要經常與他們互動的人的看法，因爲人們在自行評估時可能會自我欺騙。例如，研究發現那些低自我覺察的人，情商能力也都很差——但他們自己不知道！

摩根大通銀行董事長暨執行長傑米．戴蒙（Jamie Dimon）提出一個更爲直覺的方法。他說，問問你自己：「你會想要自己的子女爲這個人工作嗎？」[1]他說，在考慮內部升遷或外部聘用時，當然，硬實力並非不重要。金融業要求每個人在「事實、分析、細節」方面訓練有素，那些是已知的事實，是門檻能力，是每個想要在金融業展現高效能的人都必需的。

不過，戴蒙表示，「眞正的領導人」需要的不只是數字的技能，不只是資產負債表，還需要情商。戴蒙給出高情商領導人的一些例子：「你了解肢體語言嗎？人們傷心的時候你能理解嗎？你和群衆談話時，你知道他們沒對你說出口的是什麼嗎？你有同理心嗎？」

爲了查明職位候選人是否符合標準，戴蒙建議詢問認識那個人且願意坦誠討論的人。你或許可以跟那個人的老闆、同儕和部屬談話，或是前老闆、同儕和部屬——甚至配偶或前伴侶。這並不表示要請他們進行正式的三六〇度評估，但系統性的談話也可能挖掘出相同資訊。這讓你可以從多重角度了解那個人，降低那個人所提供資訊的偏誤，不需要完全仰賴人們在面談或測試中對自己的描述。

以下是警告條款：更爲明確地使用情商來篩選新雇用的人可能構成法律問題。根據美國平等就業機會委員會（U.S. Equal Employment Opportunity Commission）的說法：「使用認知測試、性格測試和類似工具可能違反聯邦反歧視法……假若這些測試不成比例地基於種族、性別或其他隱蔽因素而排除特定族群，除非雇主可以證明測試或程序合法。」[2]

在實務上，這意味著雇主不應使用情商測試來遴選人才，除非研究證明他們的工具沒有任何歧視——很少雇主擁有必需的資源來進行可以證實這類遴選人才測試方法的研究。

此外，試圖根據情商來挑選求職者，反映出雇主基本上誤解了這類技能的本質。情商——與智商不同——可以隨著歲月有所長進。因此，某人在一個特定時刻所呈現出的只是一次性的快照，而不是表現出他如何隨著時間成長與發展的影片。人們的情商是流動的，不會凍結在一個時刻。

結論：我們對使用情商評估的建議主要是針對研發目的，而不是針對聘雇決定。使用情商來挑選求職者是冒險的事。徵才顧問與經理人不必在聘雇或晉升程序中使用情商測試，而是可以運用下列兩個方法來改善組織的整體情商：

第一，在徵才資料表明公司對於情商的堅持，例如寫在職務說明、公司生涯網站和領英（LinkedIn）網頁上，這可以幫助求職者自我選擇。MD安德森癌症中心（MD Anderson Cancer Center）在他們的徵才貼文寫著，他們的領導模式講究「團隊合作」與「主動傾聽」，並提供求職者一項情商自我測試——不是爲了做出徵才決定，而是要傳達這間機構極爲重視情商。

第二，受過妥善訓練的徵才顧問與經理人可以在求職面談時詢問「關鍵事件」。（例如，「請說說你過去失敗的經歷，以及你從中學習到什麼。」）在面試當中詢問求職者過往的真實故事，可以第一手了解到求職者的情商技能。

舉例來說，MD安德森癌症中心設計的面談指南，刻意考量到情商的明確層面；該中心爲了評估求職者的人際關係管理技能，會詢問：「請描述一個情況，工作上或其他時候都可以，你覺得自己協助解決了一項爭議或衝突。你採取了什麼行動去解決問題？」以及「你是否參與過不讓某些成員參與計畫決策與行動的團隊？那是什麼樣的情況？你如何參與其中？」

簡言之，雖然許多組織試圖招募高情商人才，但我們偏好不同的策略：雇用擁有特定職位相關技能的人，之後再去訓練與培養受雇者，使其學習高績效領導者所應具備的情商能力。在高情商組織裡，情商可以審慎地用於招募及遴選人才，但情商的訓練與培養才是最重要的。

由訓練著手

我們認爲情商訓練是一切的關鍵——而且，用某些特定方式來增進，似乎能發揮最佳作用。培養專心傾聽等「軟實力」向來是人資訓練部門的必備課程，但現在最高領導人也逐漸了解其重要性。在一項針對近一千名執行長的調查中，約九〇%的人同意重要的高階管理層需要進行個人轉型，才能成功改善其組織。相較於九〇%的同意率，三年前僅三〇%執行長有這種想法。[3] 時代正在改變。

在此同時，強力證據顯示情商課程對小孩也有效益。從美國到全球各地，由幼兒園到十二年級的孩童現今都在學習情商技能。數項研究已證實，恰當地設計及實施這些課程，可以提高課業成績以及情商與社交健全度。一項針對二百一十三項研究與二十七萬多名學童的統合分析發現，社交與情緒學習課程幫助學童的課業成績提高了十一個百分點。

參與課程的學生亦顯示教室行爲有所改善（較少不守規矩和搞破壞），也更有能力管理壓力與憂鬱，對待自己、他人與學校的態度更加正向。自最初研究以來，這些發現已被數度複製。[4]

那麼成年人呢？成人也能經由訓練來提高情商嗎？多年來一直沒有多少關於經理人與高階主管情商訓練成功的研究，但是，終於有人進行了一連串有力的研究——而且證據極具說服力。[5]如果訓練計畫設計良好且有效實施（請記得這是很重要的前提），成人確實可以提高情商，並在日後繼續維持這些進步。

針對美國前進保險公司（Progressive Insurance）的一項情商訓練影響的研究，在我們寫作本書時，仍在進行當中。[6]該項研究的初步分析顯示，當領導人被員工視爲更有情商，其團隊成員擁有更強的歸屬感。有鑑於歸屬感對團隊績效與包容性倡議有著關鍵作用，這項發現亦顯示情商訓練對團隊成員與整體團體績效都有直接助益。

前進保險公司的研究將個人教練與一項線上情商訓練做比較。傳奇高階主管教練馬歇爾．葛史密斯（Marshall Goldsmith）獲悉該項研究時表現出高度熱忱——他指出，這種對於個人教練影響的嚴謹評估很罕見，但十分有必要。[7]

情商訓練有許多方法，關於如何設計此類訓練的實際實驗卻沒有多少。我們在第十一章談過一項此類研究，參與的領導人被隨機指派加入實驗組，在定期聚會中述說個人困擾與公司挑戰。他們能夠安心說出無法跟別人商量的煩惱。如同前文所說，兩年後，他們的情商分數提高了。[8]

但是，這個方法不過是提升情商的眾多方法之一。

丹尼爾協力設計的一個方法，是在一週內進行數堂各項情商能力課程，詳細說明其優勢，請學員在他們的工作與生活之中加以思考，並進行每日練習以熟練。[9]以情緒平衡為例，一項練習是請你記錄「情緒劫持」的時刻，以及引發那種反應的事件——也就是「觸發點日誌」——並思考你的反應，以及什麼會是更有效的回應。然後，當某個觸發點出現時，你學會停下來，由被動反應轉換為更好的回應，並且實際嘗試看看。與他人一同參與經驗豐富的教練所主持的現場課程，能讓學員有機會練習那些更好的回應，也能聽聽看用來因應激烈對話等風險情勢的其他方式。

兩項統合分析（前面說過，也就是集合許多獨立研究結果的方法）評估了此類情商培養課程。這些研究涵蓋種類廣泛的職業及工作環境——從中型、大型公司的經理人和高階主管，到職業板球運動員，再到ＭＢＡ學生。[10]研究顯示所有人均從中獲益——例如，職業板球運動員在訓練後情商躍增一三％，而對照組平均來說沒有改變。

這些訓練計畫大多數均能提高情商，更顯著的是還帶來了正面的實際成果。比方說，住院醫師的情商訓練提高了病患的滿意分數。銀行職員接受訓練後，客戶滿意分數亦有所提升。接受情商訓練的製藥銷售代表，其銷售業績高於對照組。[11]

情商訓練課程亦能改善組織生產力背後的主要動力，像是員工福祉與職場關係。舉個例子，一家國防承包商的員工上完情商訓練課程之後，工作滿意度大幅升高。一家大型零售行銷連鎖店的中階經理人接受情商訓練後，其工作滿意度、壓力程度和整體健康均有所改善。專案經理人上過情商訓練課程之後，於團隊合作與衝突管理方面都有改善——這兩項是他們工作任務的關鍵技能。[12]這些訓練課程亦提升了指導技能、擴大就業與再就業機會、減少職場不文明行爲，並營造出更好的機構氛圍。[13]

☀ 有效的情商訓練課程含有哪些成分

一名顧問對兩家不同公司的高階主管與經理人進行相同的訓練課程，該項課程在其他環境都有效，這次卻只在其中一家公司產生正向影響，另一家公司則無效。為什麼會這樣？訓練師認為問題出在執行長的表現。在無效的那間公司，執行長在第一次上課時現身告訴學員們情商有多重要，然後轉身離去，再也沒有回來過。而在成功的那間公司，執行長與團隊一同積極參與訓練。

當高階領導人以身作則展示情商訓練的重要性，便傳達出強烈的支持訊息。我們發現，如果有重量級領導人積極支持，轉移到情商正向文化的力道就會更強勁。例如，前進保險公司客戶關係管理部（負責銷售保險的部門，是業務主力）的主管，還有BL公司及MD安德森癌症中心的執行長都是如此，他們都是情商的熱情擁護者。這種支持不一定要來自高層：在亞馬遜雲端運算服務公司（AWS），一名自稱「情商傳道者」的人士從基層掀起一股情商的浪潮。

以前，MD安德森癌症中心的領導人訓練計畫只專注在中階領導人，比如部門負責人。但是，新任總裁，亦即公開談論情商文化重要性的那位，實施一項情商訓練計畫，並呼籲所有人參加。14

在ＭＤ安德森癌症中心的領導力研究機構，為前線員工舉行的第一級課程是以自我覺察為核心，監督者與經理人的訓練則與人際關係管理有關。第三級課程主要是為了部門主管，聚焦於如何在進行棘手的對話時管理情緒。他們為部門主管與機構領導人設計的領導課程，強調親身示範情商以及情緒傳染力——情緒會由領導人身上向外蔓延。

ＭＤ安德森癌症中心的許多其他訓練計畫亦注入情商元素。在「掌握棘手對話」的課程中，訓練師會問：「你要如何在這次對話中運用情商？」雖然並無正式要求高階主管一定要上情商課程，但該組織超過九〇％的領導人都曾參與。

實用的課程設計

當然，有的課程大力炒作，但缺乏已驗證的成果；還有太多計畫設計與實施不良。我們檢視了最成功的情商訓練計畫，發現它們大多具有下列五項成分：

一、動機十足的參與者。提升我們的情商需要大量時間與努力。若沒有高度的決心與動機，大多數人在尚未發生任何改變之前就會放棄。成功的課程以多種方式提升及維持參與度，其中一個方式是，參與者有四週時間會每週兩次收到電子郵件，每次都鼓勵他們運用課程的不同部分。15

二、於一段時間內完成十小時以上的訓練，並加上定期的加強課程。劑量很重要——訓練的時數愈多愈好；可以的話，應該涵蓋一定長度的時間。最佳課程之一的參與者，是一家未上市公司的五十四名資深經理人，爲時三十小時的訓練散布在七堂每週課程，每堂課九十五分鐘。此外，每次實體課程之間需進行五小時線上訓練。16

三、持續練習與增強。訓練課程很重要，但若要成爲情商高手，則需要在那些課程之間不斷回饋與練習——在正式訓練結束之後，也要長時間維持。從神經觀點來看，情商訓練需要不同於就學時期的學習模型。也不同於編列預算或規劃物流等認知技能，情商是一種行爲技能。強化這種軟實力的方式與增進高爾夫球技一樣：經由親身示範、支持性試驗與大量的練習。

四、社交支持。感受到有人支持，亦能產生很大的差異。私人教練對組織高階主管來說是一種強力學習途徑，其他層級則比較適合學習小組。在BL公司，所有課程學員均加入一個每月聚會一次的應用團體，提供一個讓員工們練習情商技能的場合，並且獲得別人對他們在受訓期間所擬定的在職學習計畫的支持。

五、組織的重要領導人以身作則與全力支持。我們已看到，當高階管理層參與一項情商計畫，他們等於是親身示範他們有多麼重視那項訓練。這對組織裡其他有意加入課程、驗證自身決心的人將產生明顯影響。反過來說，公開忽視這種訓練的高階主管就會破壞那股吸引力。受人敬重的高層主管默示或明確支持情商訓練，將給予這類課程莫大鼓舞。

並不是所有訓練課程都要一模一樣，也不是一定得涵蓋五大成分。不過，課程包括的成分愈多，便愈可能成功。如果你動力十足、課程施行良好，有效的訓練課程可以幫助你更常達到最佳狀態，但真正的報酬來自於整個組織朝著那個方向前進。當整體組織文化支持其價值，一個組織對高績效開發的重視才能達到最佳效果。例如，我們發現，不只是人資部門，而是整個公司都支持這項課程，將會是一大優勢。當一位高階主管——尤其是執行長——再三陳述其價值，人們會更渴望參與；領導人會設立典範。

☀持久的情商訓練

情商訓練的一個好方法是波雅齊斯的意圖改變理論（Intentional Change Theory，簡稱ICT），其結合全部的五大成分。三十多年來，他一直在凱斯西儲大學魏德海管理學院的高階主管MBA課程中運用這種學習程序。驚人的是，他的團隊發現，MBA學生於凱斯大學增強的情商能力在長達七年後仍然強勁（在該名學生的工作夥伴看來是如此）。[17]

這種情商訓練會在開頭時協助人們找出自己的「理想自我」，這是一種強大的內在動機。訓練師或教練可能會問：「在理想狀況下，你希望自己五年後會是什麼樣子？」

接著，課程會評估每個學員的情商優點及缺點。這個部分，該項課程使用的方法是情緒與社會能力量表（ESCI），這項三六〇度評估工具會針對高效能明星人員特有的十二項情商能力逐一給出分數。[18]

雖然坊間有十多種不同的情商測量方法，每項各有優點，但這種三六〇度觀點已知是職場卓越的最佳預測指標。[19]它讓你明白你所熟識且重視其意見的人們是怎麼看待你的優缺點。例如，一項針對上百名家族企業領導人的研究，發現領導人的情商評價與他們的工作效能之間具有強烈關聯——而且，僅採用「他人」評價，而不是自我評估。[20]信任的人給出的匿名評估會提供你一份診斷書，有助你看出要從何處著手改善。

在第三步，訓練師或教練協助高階主管將他們的診斷書連結到他們的志願目標，重新回到第一步。透過詢問他們「增強何種能力可以協助你實現理想的自己？」等問題，將他們內心深處的動機與情商學習挑戰連結起來。比方說，爲求獲得更好的領導風範，高階主管往往會想改進其傾聽習慣，而這是同理心的關鍵。加州大學柏克萊分校的研究發現，有權有勢的人往往在別人還沒有機會講完話之前就打斷他們——爲求進步，我們可以學習改善這種差勁的聆聽習慣。[21]

最後一步是重複練習他們學到的行爲，直到成爲他們的第二天性。爲了更好地傾聽，學員們開始留意到可供練習的衆多機會，可能是在晚餐桌上與配偶或青春期孩子講話，以及工作時與部屬談話等。

如同我們所指出，這樣的重複練習似乎能將新學來的東西注入大腦基底核，使之成爲自動化習慣，而不是需要思考的行爲改變。這種「神經可塑性」（neuroplasticity）帶來情商訓練的一項好消息：我們在人生任何時間點都可以培養新習慣——提升這些技能永遠不嫌晚。

已故的佛羅里達州立大學心理學家安德斯・艾瑞克森（Anders Ericsson）曾經向丹尼爾表示，他很不滿人們普遍認爲一萬小時的練習具有神奇功效。他的研究（該項普遍流行的迷思正是源於此研究）顯示，要達到爐火純青的程度，其練習時數實際上有著很大的差異，也取決於你想要熟練的技能爲何。交響樂團首席小提琴手或許練習了一萬小時才能演奏得如此優美，但相較之下，熟練另一項技能（背誦一長串數字）僅需數百小時。

一般來說，這裡存在一種「劑量—效應」關係，也就是你練習的時數愈多，對某項技能愈是熟練。因此，當你處於最佳狀態，你所能展現的才能有一部分取決於你練得多好、多久。無論一個人的先天能力如何，練習才能臻於純熟之境。滴水穿石，熟能生巧。

情商亦是如此。波雅齊斯多年來讓他的MBA學生接受ESCI的三六〇度評估，以了解他們的情商優點及缺點，然後挑選一項能力去努力改善。他們的努力不能以時數來計算，而是看他們練習了多少遍新的行爲順序，以取代功能失調、對他們沒有幫助的情商習慣。

☀ 私人教練

個人學員與新晉升領導人的訓練往往是以課程的方式進行，而高階管理層的訓練則更常經由一對一教練。還記得嗎？美國經濟諮商理事會向其企業會員調查他們領導人所接受的指導，發現情商成為絕大多數指導的頭號主題（雖然情商能力時常被冠上不一樣的名字）。這項調查是經濟諮商理事會在新冠疫情爆發前進行的，該組織在疫情逐漸消退後重新檢視這些調查報告，強調領導人仍然需要情商，尤其是同理心。22

在教練主題清單中，墊底的往往是「策略性思考與商業能力」。報告指出，同理心與自我控制等情商技能比以往更加重要。

想要著手改進自己情商的人都需要持續的反饋——而不只是參加「一步到位」的課程或異地培訓；這些課程會提供方法或動機以增強這種技能，之後便放牛吃草。假如是公司的最高管理層，公司可能會派給他一名私人教練，基本上是持續的指導課程。若是中階經理人，他們或許有同樣迫切的需求，但高昂的成本使得組織不可能考慮指派教練。

情商教練——更廣泛地說是「軟實力」教練——在高階主管之間已相當普遍，然而，單是這條培養途徑不足以讓一個組織提升至最佳績效。如同團隊專家杜魯斯卡特所指出，理由之一是高階主管能坐到這個位置，往往是因爲他們具有高度成就動力，但他們的競爭心通常太強，一味追求自己單位的「勝利」，卻犧牲了整個組織的成功。

爲了確保高階管理層成爲一支致勝團隊，進而有助於組織的整體目標，杜魯斯卡特敦促高階管理層在他們的工作中運用與高績效團隊相同的規範。她表示，「私人教練還不足以」提升團隊的情商。她又補充：「打造高效能團隊規範是輔助的途徑。」

個人情商教練與團隊情商是兩條不同的學習途徑。高階主管之間的團隊建設，意味著他們不會對彼此有所保留（如果他們缺乏心理安全感，就會有所保留）。

杜魯斯卡特預見主管教練未來將不只是服務個人目標，還將包括高層團隊互動的情商規範。當然，她的方法適用於任何層級的團隊——例如，我們在寫作本書時，亞馬遜雲端運算服務公司正在探討運用杜魯斯卡特的團隊學習方法，將情商擴大到整個部門。

提升團隊情商可以跟私人教練產生協同作用。「高情商的人與他人互動的方式，會讓對方感到愉快，」杜魯斯卡特表示。「如果你隸屬於一支高情商團隊，你的個人情商也會提高。團隊成爲個人的學習體驗，帶出每個人最好的一面。」等到人們更有安全感之後，他們會更願意公開分享。

總結來說，篩選高情商的人才可能很困難，而訓練高情商遠遠更有效。有許多方法可以培養情商，但最佳課程具有數項共同重點。這些課程鼓舞並激勵學員；提供足夠的訓練時數；訓練是持續性的，而不是一次性；學員或同事之間給予彼此社交支持；組織領導人以身作則，鼓勵大家進一步增強情商的軟實力。

我們將會看到，當一個組織擁抱情商的重要性，便能最有力地推進一切事物。

第十三章

建立情商文化

ＢＬ公司的業績蒸蒸日上，持續成長了許多年，但經濟衰退使得公司遭逢史上首波裁員。公司執行長卡洛琳．史坦沃斯（Carolyn Stanworth）召集留下來的全體員工，她不是對他們精神訓話，佯裝這沒什麼大不了或予以忽視，而是跟他們分享她自己的悲傷感。然後，她開放時間，讓其他人也說出他們的感受與憂慮。等到大多數人差不多都說完之後，她開始談到公司接下來將如何發展。

此時，她自己的情緒從傷心遺憾轉變爲對未來的樂觀和興奮。儘管仍有些焦慮，大家的心情也逐漸轉變爲對公司未來的熱切盼望——這是奠基於現實的情緒感染：直面悲傷事實，但接著就要向前看。

ＢＬ公司是一家中型建築工程公司，十餘年來一直領先同業，但情況並不總是如此。

十五年前，ＢＬ公司出現了高員工流動率，難以再締造大幅成長。那麼，是什麼改變了，才創造出後來的榮景？

在這段期間，ＢＬ公司實施一項領導力計畫，其中包括情商的培養，當時這在大型組織很少見，建築業公司尤其如此。ＢＬ公司不僅止於培養領導人的情商：他們改變了公司文化。該公司在徵才與績效評估上採用情商方法，最關鍵的或許是，執行長讓大家知道她重視情商文化的建立。

其結果是：ＢＬ公司領導人的情商技能大幅增進，比如建立關係、團隊合作與同理心等。這些改變進而改善公司的多元性、員工參與度和留任率；員工福祉；客戶終身價值；最終帶來公司整體績效的改善與成長。[1]

到了今天，ＢＬ公司已非特例。ＭＤ安德森癌症中心（全球第一的腫瘤中心）、前進保險公司與亞馬遜雲端運算服務（亞馬遜旗下提供數百家公司雲端運算服務的部門），各式各樣的組織均投資於自家員工的情緒自我管理與人際技能。

研究者發現，當一個組織的領導人與員工均熟練管理自身情緒以及與他人的關係時，公司和員工皆能獲益，各方面的表現都有所改善：利潤與成長、員工留任率及忠誠度、更高的動力、更好的情緒氛圍和整體福祉。我們稱這樣的組織爲**情商組織**。

我們分享了我們對現今領導人如何在公司裡培養這些技能的想法——如何招募有情商的人才、訓練情商、以身作則，以及將情商深植到公司文化中。最重要的是：建立一個有情商的組織需要高階領導人親身示範，並成爲情商文化的熱情擁護者。雖然設計及執行良好的訓練計畫很重要，但一個組織必須在情商訓練之外更進一步，俾以獲得最大的好處。高情商的組織會將情商植入於徵才、招聘、績效管理及晉升的DNA之中。

評估情商表現

儘管軟實力有其價值，大多數公司在評估領導人表現時仍將焦點放在硬實力，這個焦點忽略了管理自身情緒與展現同理心的寶貴軟實力。但在BL公司，年度績效評鑑給予硬實力與軟實力同等分量。經理人觀察員工們的工作成果，也觀察他們工作的**方式**。「假如你完成了工作，卻在過程中踐踏別人，你不會因爲那種行爲而獲得加薪與獎金，」執行長暨總裁史坦沃斯表示。

職能模型（我們在第三章談過）顯示了大多數傑出表現者所具備的明確技能，它讓人們看見在一家特定公司中可以期望成爲怎麼樣的人。組織領導人的職能模型包含情商，表示這些能力很重要。這成爲一個持續性的激勵因子，讓所有人正視情商的角色。更重要的是，這讓組織將培養情商正式列爲年度績效評鑑流程的一部分。

舉例來說，ＭＤ安德森癌症中心用來作爲遴選、訓練、績效管理與晉升的領導人模型，包含「團隊合作」與「主動聆聽」所有員工等情商能力。「團隊合作」指的是所有團隊成員高度合作、重視每個人的貢獻、鼓勵多元性、在特定成員的目標與團隊目標之間求取平衡。「主動聆聽」指的是全心關注他人，明白觀點的差異，並設法同理他人。

績效評鑑對話不僅顯示情商很重要，更有幫助的是還能看出額外的情商訓練及培養對特定領導人似乎有效。

員工績效評鑑同時也能用來評估**經理人**的情商。在前進保險公司，員工的績效評鑑包括一個問題，詢問員工是否感覺受到重視、尊重及參與——這會反映出他們主管的領導情商水準。

☀領導人的重要性

BL公司對疫情的回應，證明了該公司執行長史坦沃斯重視同理心與關懷他人的價值。她表示：「那是很艱難的一年。許多人的配偶因爲疫情而失業。我們的員工達成所有任務，而且還超出目標。因此，我們決定在固定的年終獎金之外，再發給每人三千美元的『感謝獎金』。我們在感恩節前發出這筆獎金，好讓他們可以用來購買感恩節禮物。公司花了一百萬美元，但十分值得。如果你向員工述說你感謝他們，他們就會回饋十倍。」

史坦沃斯認爲，她最重要的角色是作爲「文化領導人」，她每日強調的價值與規範讓公司成爲「高情商」組織。她對情商價值的持續堅定支持，推動了以情商爲特色的訓練與績效評鑑等計畫。

在我們的研究中，我們發現公司裡的人資部門若試圖獨力推展軟實力，其效果往往不彰。反之，一名重量級領導人熱切陳述情商價值並以身作則，便能爲整家公司建立規範及文化——如果整個領導團隊都擔任這種角色就更好了。BL公司和前進保險公司負責保險銷售與經紀人的客戶關係管理部門皆是如此。

舉個更高知名度的例子，在薩蒂亞．納德拉（Satya Nadella）成爲微軟公司史上第三位執行長的第一天，他寄給全體員工一份備忘錄，其中表示同理心——截至當時在微軟很少聽說的字眼——將成爲未來的一項關鍵技能，也是一種成長心態。[2] 納德拉將這些情商「軟實力」連結到商業策略，他主張理解客戶——明白他們尚未滿足且沒有說出口的需求——以及接納進一步發展，將是創新的源泉。

納德拉敦促他的領導團隊需具有同理心，協助將公司文化轉向信任。經濟衰退導致科技公司紛紛裁員數萬人之際，納德拉以行動證明同理心。例如，不同於其他科技公司在推特（Twitter）上忽然宣布開除數萬名員工，納德拉承諾微軟不會這麼做：「我們在進行這個流程時，會盡可能用最體貼且透明的方式。」爲了減緩裁員的打擊，微軟支付優渥的遣散費，在離職六個月內負擔員工健保並持續配股。

情商透過類似的方式在前進保險公司生根，這都多虧當時客戶關係管理部主管約翰．墨菲（John Murphy，此後他晉升爲該公司理賠部門總裁）的大力支持。原先只是爲客戶關係管理部領導人設計的情商訓練，進一步擴大到其他部門，包括ＩＴ與理賠部門。情商仍是客戶關係管理部的文化標誌——在墨菲擔任負責人的期間，大家會討論、支持與培養情商——但其吸引力已經擴散到整家公司。

公司業務端的領導人擁護情商——簡言之，就是人資部門以外的人——往往是建立高情商組織的關鍵。我們已看到ＢＬ公司和ＭＤ安德森癌症中心執行長的案例，還有美國運通金融顧問公司（現爲阿默普萊斯金融〔Ameriprise Financial〕）督導全公司顧問的高階主管一例。

有時候，最大力擁護情商的可能是組織裡的較低階領導人，例如亞馬遜雲端運算服務公司，在該公司最賺錢的雲端運算部門中，對於情商的支持已成爲一項草根運動。身爲工程師兼策略師、自稱「情商傳道者」的理查．華（Richard Hua）召集了一百多名情商擁護者，迄今該團隊已爲超過二十五萬名的其他員工提供情商訓練。

亞馬遜的情商團隊一開始是專案性質，如今已受到官方認可，有自己的預算案，並由理查．華擔任全球負責人。這項訓練名爲ＥＰＩＣ領導力計畫（ＥＰＩＣ代表同理心〔Empathy〕、目的〔Purpose〕、啟發〔Inspiration〕與連結〔Connection〕），整個訓練以情商爲焦點。

ＥＰＩＣ獲得公司衆多部門的高階主管請求，爲整個部門進行情商訓練，人數往往數以千計。這種由下而上的方法優於由上而下政策的一點是：積極傳遞情商訓練的人可能更有動力、更為投入，勝過被上級指示去做的人。

☀ 給領導人的指導方針

「那是一場大型暴風雪，許多員工家裡停電，但我們辦公室沒有停電，」ＢＬ公司執行長史坦沃斯說起這個故事。「所以員工們帶食物過來給家裡停電的人。等到駐留在公司的員工們終於可以離開時，我們督促他們帶一些食物回家，讓家裡的人也有東西吃，」她表示。「就我而言，這些故事表達出我們的關心。」

史坦沃斯認為故事是傳達公司重視情商的一個有效方法，例如，他們共同度過員工困境的故事，就傳達出同理心與團隊合作的重要性。

對於情商擁護者而言，明確展現情商價值不能只是嘴巴說說而已。你必須清楚明瞭地對組織展示情商的價值，尤其是與既有的事業要務做出連結，比如你的任務及績效目標，並證明它對你自身工作形成的影響。

給領導人的一些訣竅：

證明情商對公司損益很重要。阿默普萊斯金融公司的「情商職能」團隊進行研究，發現金融顧問很難與客戶討論投保壽險——爲死亡預作準備，即使只是請客戶考慮一下，都可能讓場面難堪、甚至令人反感。

爲一些顧問及其主管實施一項情商職能的前導訓練計畫之後，該公司發現，與主管一同上過訓練課程的顧問，在十五個月期間的銷售額成長，比起其管理團隊沒有接受訓練的顧問高出一一%。這相當於該公司兩億美元的銷售額（換算爲今日幣值則是三・二億美元）。

成為情商的楷模。擁護情商的領導人亦需要親身示範。有四種行爲可以帶來影響，改變組織整體文化的風氣：

㈠**自律**。有一家公司的創辦人經常發火，影響到每個人。他的部屬表示：「他會猛烈批評你。他並不放在心上，五分鐘後就像沒事了一樣。但挨罵的那個人可做不到。所以，我們在跟他報告之前都會先猜測他的情緒，這可不是什麼好事。如果員工有什麼問題需要你的協助，卻無法立刻跟你說，等到你知道時，問題已愈演愈烈。」「自律」是管理自我情緒與言行舉止的術語，例如，不對別人亂發脾氣。研究證實，老闆對人發飆時，對方會心生疏離，並在之後跟老闆保持距離（如果他仍必須與老闆共事，便可能採用消極抵抗的形式）。老闆的暴怒會斬斷與員工的連結。

㈡情緒透明。一家公司的領導人過世了，副手負責人跟員工們談起他自己的悲痛，雙眼含淚。這開啟了對話，員工說出他們的感受。那位領導人的脆弱被視爲一種優點，一種眞誠的標記，而不是軟弱。自我覺察、同理心，加上情緒透明，讓人們得以窺見你的情緒。

㈢情緒臨在感。疫情爆發後，ＢＬ公司執行長史坦沃斯每週五中午都會跟全公司三百六十五名以上的員工舉行一小時的線上會議，當天下午她不安排其他行程，以便立即回覆員工們在會議後寄來的電子郵件。她的行爲是同理心的示範，她將自己置於員工的立場，明白她如果延遲回答，員工們會有多麼失望或焦急。

㈣給予情緒回應。這表示對你的員工抱持同理心，展現尊重，但仍清楚劃出界線——設定一種常規，讓他們遵循相同的行爲。舉個數位時代的例子：前進保險公司前任客户關係管理部主管墨菲，希望盡可能與全國大約七千名保險經紀人都保持聯繫。疫情前他會去實地考察，和經紀人談話、培養關係，他認爲這可以維持人們留在業內的動力。被問到棘手問題的話，若他跟人們有良好連結就會比較容易處理。他會寄給保險經紀人可能會覺得實用的手寫筆記與影片。但在新冠疫情爆發後，墨菲無法再和他們見面，於是他開了臉書（Facebook）專頁來分享保險經紀人的生活。剛開始，追蹤的經紀人寥寥無幾，後來便增長到絕大多數人都有追蹤。

這個專頁是在聊人們的生活，而不是他們的工作：人們張貼他們的週年紀念、小孩出生，以及生活裡其他的點點滴滴。此時疫情造成封城，對病毒的恐懼四處蔓延，臉書專頁成爲保險經紀人分享焦慮以及感謝在艱困經濟下仍保有一份工作的地方。墨菲會發送訊息給人們——如恭喜結婚週年及其他個人祝福。這個臉書專頁讓公司裡遍布全國的保險經紀人聚集在一起。

關於領導人對於建立高情商組織的重要性，執行長史坦沃斯做出恰如其分的總結。當我們說到管理情緒似乎是她工作中很大的一部分，她立刻回答：「那**就是**我的工作。」

貫徹情商

推動企業文化持續往情商轉移很需要耐性。就大多數企業而言，這需要數以年計的功夫；一些企業甚至需要數十年。儘管有其益處，許多公司仍不願聚焦於情緒這種非實體又「軟性」的東西。此外，領導人有時會不滿被指出情商不夠，並抗拒接受這方面的訓練。

在前進保險公司的客戶關係管理部，當時新上任的總裁墨菲於距今近二十年前推動情商時，便遭遇了阻力。高層領導人被要求接受情商評估時，那些高階主管一開始是反對的。一名參與領導人培養計畫的人表示：「我們的文化尚未就緒。領導人不想聽到自己的情商還不到位。」

不過，墨菲堅持繼續推動。他與地區經理人召開的年度領導人大會主題便是情商，強調自我覺察、自我管理與同理心在保險銷售這種仰賴關係的事業中所具備的價值。這些年來，七千名保險經紀人之中，接受過情商培養的人數由當初僅兩百人左右，增加至約五千人。

「我們公司早年的企業文化以策略與交易爲主，」墨菲指出，「現在企業文化已轉移到人際關係，因爲我們領導人的情商水準提高了。」墨菲認爲，情商是他們員工之間以及與客戶之間發展和維持連結的祕密武器。他表示：「人際關係是我們所做的每件事的核心。」

☀情商組織：理想類型

我們在探討研究及思考情商如何提升組織績效時，想出一個或許可以辨識出相關跡象的試驗性診斷表。這一部分是受到杜魯斯卡特與沃爾夫在高績效團隊發現的團體規範所啟發，並將他們的洞見應用到組織層級。

在編撰這份清單時，我們汲取研究發現與我們自己的推斷，整理出高情商組織可能的模樣。此時我們需要進行推測，因爲有利我們做出更明確的判斷所需的研究一直未能進行——四分之一個世紀前，我們研究職場情商時的情況正是如此。直到數十年來的研究顯示情商如何提升個人表現、領導力與團隊之後，我們才能夠撰寫本書。接下來的段落就是我們對於理想的高情商組織是什麼模樣的想像版本。

如同個人與團隊情商，高情商組織亦展現自我覺察，這表示要了解遍布在構成組織的人際網絡中的各種情緒、需求和動機。想要解讀組織層級的情緒氛圍，往往需要對團隊氛圍及較大事業單位整體氛圍的調查。一方面，良好的氛圍解讀——無論來自個人或團隊，皆應該受到表揚、獎勵與鼓勵。另一方面，當氛圍調查顯露出問題所在，組織就要探究潛在原因，做出行動加以修復。這表示組織要事先準備好尋找系統性壓力來源的流程。組織亦必須明白其政策與實務慣例如何影響員工的情緒，無論好壞。

另一個組織層級自我覺察的徵象是：明白組織的強項——擅長做的事情——以及弱點，找出需要成長與發展的領域。這包括理解組織上下所有員工的情緒和需求，以適時、具同理心與關懷的方式跟特定的內部單位溝通。

自我覺察，才有下一步——自我管理。對高情商組織而言，這代表要管理內部的情緒——比如，設定適當表達情緒的規範。各層級的領導人應該用自己的情緒表達來示範這種常規，並且對違反規範的情況進行識別和處理。違規行爲可能包括粗魯無禮、對人吼叫，或者是因生氣或恐慌而抓狂等跡象。從積極的方面來看，領導人可以在壓力下樹立有效的榜樣——例如在面對挫敗或挑戰時，仍保持正向與樂觀。

除了實用的情緒表達規範，高情商組織也會意識到其可能會如何對員工造成壓力，並設法減輕壓力源。常見的系統性壓力，包括總是期待人們在超短時間或超少資源下完成超多事情。這種壓力的徵象之一是員工的高流動率——人們往往會逃離超高壓力。少數族群的另一項系統性壓力來源，是他們遭受到隱含的偏見——同樣地，這些族群的高流動率也是一項指標。氛圍調查在此時可以派上用場，爲人們顯示哪裡可以找到壓力點。

另一個處理系統性壓力的組織策略，或許可以幫助人們變得更爲堅韌——也就是能更迅速地從挫敗的壓力中復原。但這種策略不能用「檢討受害者」的方式進行，使得較容易受壓力影響的人承擔責任——而是要從源頭修正組織裡形成壓力的層面。

清楚說明期望與目標，是管理內部不滿的另一條途徑。目標不清會造成混淆，進而打擊動力與動機。相反地，清楚說明目標可以幫助人們集中能量，不只達成他們自己的KPI，還可以協助更大的目的。在這裡，闡述組織目的中的共同意義，可以啟發與導引各層級的人。

除了清晰的目標，組織可以鼓勵員工彼此連結及合作。這可以是簡單的規範，例如鼓勵大家共享資訊，但通常也可以更進一步，像是舉辦讓員工與領導人互相認識的活動，比方說，每週一次下班後在本地餐廳聚餐，或是週末在公司外頭聚會。這種活動可以融入儀式與慶祝，爲所有人加油打氣。慶祝勝利是很好的理由，不過一年到頭都可以舉行這類提振士氣的活動。

另外，還需要促進歸屬感。如同杜魯斯卡特（與谷歌）發現的，這種身處安全地方的歸屬感是頂尖團隊表現的關鍵因素，對組織而言也是如此。心理上的歸屬感絕對不只是達成多元、平等與包容（DEI）的數値及比率就行了；打從內心感到眞正有所歸屬，才能實現DEI。缺乏歸屬感的話，單是數字顯示少數族群占總勞動力的完美比率，並沒有任何意義。

還有一些方法能讓職場上的人經由對於情緒氛圍的共同覺察來幫助彼此。有了這種共同覺察，才能採取另一個關鍵措施：彼此幫忙管理不安的情緒，比如同事離職或過世的痛苦，或是公司大量裁員而失去朋友等。高情商組織非但不會忽視這種生離死別帶來的不安感受，反而會加以正視，討論他們的情緒反應，幫助大家管理那些情緒——例如，BL公司執行長史坦沃斯舉行公開會議來談論不景氣造成裁員所引發的情緒。

此外，混合式工作亦形成考驗，包括遠端工作、非同步溝通、虛擬會議、Slack等通訊軟體上的竊竊私語、高階領導人看不見的派系或次文化等。高情商組織可以協助溝通文化與氛圍，領導人應該把握任何機會來提醒大家，管理自我與人際關係極爲重要——並且以身作則。

協助管理情緒的更正向方式是人們彼此教導——一起學習如何做到更好。雖然這應該是領導人的角色，但這種教導也可以在同儕之間發生。[3]

最後，組織可以從失敗中學習——失敗是組織生命裡無可避免的部分。可惜的是，太多組織只會玩「找戰犯遊戲」（blame game），只要能找到替罪羊或失誤點便止步於此。高情商組織會將挫敗當成學習機會，看看究竟出了什麼錯，並預想未來要如何因應這類挑戰。如此一來，組織便能更靈敏地面對變化的需求。更好的是，還可以變成「學習型組織」，不斷從自己的運作當中學習，同時讓每個人也能持續學習如何精益求精。

高情商組織有一套規範，使之與其他組織能禮尙往來，包括賴以順利營運的供應鏈廠商、客戶、競爭對手、監管機構等。這種能力要從組織層級的同理心做起：了解其他實體對該組織的看法、對方的需求與感受、他們有什麼動力等。這可能包括觀察這個組織對本地社群與環境的影響，亦需要用適時、正確、帶著關懷的方式，與所有相關外部團體持續溝通。

最後，高情商組織必須有技巧地管理這些關係間的情緒，如同組織領導人或團隊所做的。在組織層級，這或許意味著與關鍵組織形成聯盟。此時，行銷與溝通功能發揮關鍵作用：組織訊息應當傳達懇切、甚至具啟發性的主題，讓寄件者和收件者都受到激勵。萬一與其他實體發生衝突，高情商組織會以建設性方式處理。在理想狀況下，組織的營運有助於自己本身、其他實體及大環境的永續性。

簡單來說，有遠見的組織將情商植入其文化的DNA中。資料顯示，高情商組織在許多指標上都證實了績效的提升：利潤和成長、員工留任率與忠誠度、更爲正向的動機及參與度。這種組織將情商等「軟實力」連同一般的硬實力納入績效評鑑。他們提供情商訓練，並鼓勵各層級的員工都接受訓練。

將情商植入DNA中，意謂領導人要以身作則去提倡。擁護情商的企業領導者搭配人資部門提供方法以增進這種能力，就會形成最強大的聯盟。然而，如果這對組織來說是新穎的概念，則需要時間才能達成重大改變，亦需要堅持與耐心。

領導人可以採取特定措施，推動組織朝這個方向前進。這些措施包括表現出情商對組織目標與利潤有多麼重要；親身示範情商，妥善管理他們自己的情緒和關係；公開表達他們自己的感受；對人們正在經歷的事展現同理心。

我們將在第四部看到，這些人際技能是我們在面對未來任何考驗與危機時都需要的重要技能。

第 4 部

情商的未來

第十四章
關鍵組合

我們已談過情商的基礎，包括它如何幫助我們達到最佳狀態，以及對職業生涯的影響。現在，讓我們的眼光越過情商本身，看看情商可以跟其他哪些能力發揮協同作用，有助我們更好地因應人類未來面臨的任何考驗。這種宏觀角度的發端，要說到數年前丹尼爾對Salesforce的高階領導人演講情商，之後與其創辦人暨執行長馬克·貝尼奧夫（Marc Benioff）共進晚餐。馬克敦促丹尼爾寫作情商如何與創意、硬實力及強烈的目的感產生協同作用。他稱之爲「4Q」：情緒商數（EQ）、智力商數（IQ）、創意商數（CQ；creativity intelligence）及精神商數（SQ；spiritual intelligence）。

沿襲相同脈絡，蘋果公司執行長提姆·庫克說明了他在聘雇人才時尋求的才能組合。[1]庫克在義大利拿坡里費德里克二世大學接受榮譽學位時表示，他在蘋果公司雇用的人若具備下列技能組合，便會有很好的表現：

- **所選領域的技術性專業知識**。這種認知技能組合包括廣泛的**好奇心**——問出許多問題——我們協會的成員克勞帝歐．佛南迪茲—亞勞茲數年前便指出這是未來很重要的一項特質。[2]我們將看到，奠基於現有的專業知識、廣泛地蒐集資訊，會是創新的第一步。
- 深刻的**目的感**，關懷我們周遭的世界，想要讓世界變得更美好。那項使命——比我們個人更加遠大的理由——是人們做到最好的一項動力來源。一家公司需要類似的使命去激發人們的目的感，一種改善人們生活的願景。若缺乏這個，就算一份工作能賺再多錢也不值得做。
- **創新合作**。與團隊良好合作。執行長庫克表示，蘋果公司不可思議的產品創新史，是仰賴人們共同開發新創意，而不是由一個人提出創意想法。創造力的意思是「用不同方式思考」問題，並不是陷入簡單、標準的解決方案，而是「用不同角度」看待問題。

我們反思了貝尼奧夫與庫克的想法，再加上一些額外補充。尤其是，我們認爲除了這些技能組合，**系統性**視角將是因應未來任何挑戰所必需的。

☀ 理所當然的情商

情商的各種層面在不同年代一再重新受到重視，未來無疑會更重要。一項特定能力的不同層面將比以往更爲突出——比方說，正如我們對適應性的看法，敏捷地因應不斷改變的要求、面對模糊性與不確定性仍保持鎮定的能力，這些或許會成爲未來領導人適應性的最重要部分，而不是多工處理之類的。

人工智慧生成內容的浪潮料將引起職場大地震，可能造成工作的劇烈改變。人工智慧可能造成一些人失業、輔助其他人原本在做的事，並創造新的就業機會，在此同時，人際關係技能仍有其需求，而且可能變得更有價值。

此外，誰需要進辦公室、多常進辦公室等職場基本面也有了改變。混合型工作環境需要線上通訊，可能是電子郵件或視訊會議。我們的大腦已開發出面對面互動的社交雷達，但是我們預見線上會議將愈來愈多。因爲線上連結讓我們感受他人心情的管道愈來愈少，或許會使我們對任何遇到的情緒線索愈來愈敏感。因此，情商將爲你具有的任何認知能力增添進一步的效能。

有一個充足理由可證實情商一直都會是領導人與整個組織的寶貴資產：自動化與聊天機器人意味著愈來愈多工作將被機器人與人工智慧取代，人類工作將升級爲更高級的任務，例如設計與創造——即使是工程等領域的例行工作轉移至非人類助理之時。如果每家公司擁有的科技與硬實力或多或少都相同，公司管理其人員的方式將拉開差距。

如同美國經濟諮商理事會的一項全球調查指出：「雖然自動化已滲透到職場，但團隊仍由人們組成，因此，對『人情味』的認知與重視比以往更重要。」[3]

接下來，我們要來談談年輕世代——未來的領袖——所經歷的獨特觀點塑造經驗。

目的

你還記得「臥倒並掩護」嗎？

如果你不記得，那是一九五〇和一九六〇年代的學生每個月都要做的練習：蹲在課桌底下，用一隻手摀住眼睛，另一隻手摀著脖子。老師向你保證，原子彈爆炸時這樣做就可以保護自己了。

假如你還記得「臥倒並掩護」，那代表你屬於戰後嬰兒潮世代。當時因爲冷戰情勢緊張，這種練習無處不在，大家都在談論放射性落塵避難所。

但是，若你記得的不是「臥倒並掩護」，而是現場行凶槍擊演習（active shooter drills），躲在教室裡或跑過走廊逃難，那麼你就是 Z 世代或下一個世代，其中最年輕的目前還在學校裡做這種演習，最老的則是許多公司裡的菜鳥。

一個世代共同承受的創傷可能會讓這個世代的人擁有一種集體目的感。舉例來說，嬰兒潮世代和 Z 世代的這項差異背後代表的是一道鴻溝，年輕消費者和新鮮人員工感受到的這份真實恐懼，比他們年長的 X 世代可能也感受到了，但是負責經營公司的嬰兒潮世代卻沒辦法理解。

首先，看看這兩個年老和年輕的族群之間明顯的差異，這兩個世代經歷過的創傷非常不一樣。在二戰結束後數十年出生的那個世代害怕的不只是冷戰，還有核子末日。報紙頭條新聞大力強調核子彈的恐怖之處，報導那些破壞性愈來愈強的炸彈及其發射系統。許多家庭都有建造放射性落塵避難所。

不過，若你是在一九八〇年以後出生，你的世代經歷的創傷除了校園槍擊案之外，都是圍繞著對地球環境毀滅的恐懼。引人擔憂的環境新聞正在穩定增加，從澳洲到加州都有森林大火，歐洲及南極洲都發生了破紀錄的熱浪，數百個城鎮都因爲大型颶風而被洪水淹沒。這些令人不安的消息持續出現在每一天的新聞裡。

兩個世代的差異非常顯著，尤其是對於阻止氣候變遷所抱持的使命感。老一輩的人活在經濟爆發性成長的年代，且沒有什麼大自然災害。現在的年輕人則對環境問題非常警覺，即使無法逆轉，至少也要想辦法減緩全球暖化，許多人打從心底覺得這是很有意義的，他們認爲暖化是一場全球性的死亡行軍。

一項蓋洛普調查將這種世代差異訴諸數字：美國十八至三十四歲的年輕人當中有七〇％擔心全球暖化所帶來的衝擊，但是，五十五歲以上的人卻只有五六％感到在意。年紀和擔憂環境問題之間的關係是，愈年輕的世代就愈關心環境問題。

假如詢問的是更意味深長的問題：「你認爲氣候變遷在你還活著的期間會不會構成問

題？」那麼世代之間的差異就會顯得更大了。

對於最年輕的Ｚ世代來說，環境問題是他們最希望企業能解決的議題之首。如果年輕消費者和有能力的年輕員工都急切希望能為改善環境出一分力，那麼公司就必須努力配合這樣的目標。但是，若要放寬公司的季度業績壓力，投資人的期望就必須改變，可能得要允許企業進行更多改善環境的任務，例如減少碳足跡等。

企業逐漸開始尋求更遠大的使命，有些是由社運人士和投資人所推動，但消費者在這個潮流之中所占的角色愈來愈重要。企業以盡力對抗地球暖化作為第二目的將有助益。那樣的策略在以前會失敗，因為當時沒什麼消費者在意氣候問題，但許多跡象顯示現在是時候採用它們了。困難之處在於，要找到同時滿足消費者想要的結果和投資人想要的結果。領導者需要沉著冷靜才能掌握兩者之間的平衡，這又是另一個證明情商很重要的例子。

對於Ｚ世代來說，環境問題是他們最希望企業能夠解決的問題。聲明環境問題對公司來說可能是關鍵任務，因為這對企業吸引並留住有才華的年輕人有極大幫助，許多年輕人表示他們不希望在與自身使命感相違的企業底下工作。此外，在Ｚ世代和千禧世代眼中屬於真正「好人」的企業，更有機會在接下來的數年贏得他們成為忠誠顧客。

生態焦慮（eco-anxiety）似乎在年輕人之間塑造了一種新的消費者型態，例如，比起購買，更重視回收利用。《環境心理學期刊》（*Journal of Enviromental Psychology*）刊載的一項針對一千三百三十八人進行的線上調查顯示，有四六%的人對於環境的未來感到強烈焦慮，這些恐懼在接受調查的最年輕世代之中是最強烈的。[4] 有環境焦慮的最年輕世代中，許多人抱持著更爲節儉的消費精神。專家預期這樣的擔憂會在年輕人之間隨著時間逐漸增加。

生態衝擊是公共問題、而不是始作俑者的問題——這種老掉牙的假設已不再適合我們。愈來愈多公司設定的使命是讓世界變得更美好。透過善待地球、同時投合年輕人價值觀的行動來實踐那個目的，似乎是明智的舉動。

☀ 一趟公車

數十年前某個潮濕悶熱的夏天，丹尼爾在曼哈頓搭了一趟M101公車，前往麥迪遜大道的方向。他仍然記得那位公車司機，一位活潑愉悅的非裔美國中年大叔，對一路上經過的每個地點發表生動有趣的導覽內容。他會告訴大家哪裡現在有折扣、介紹某些建築或店家的歷史、分享電影院正在上映的電影的評價、推薦大家去參觀剛剛經過那間美術館裡的展覽。

重點不是他所說的詳細內容，而是他散發出來的熱情讓整輛公車裡的人都感染到正面情緒。在那個悶熱的八月天，大多數乘客都是繃著臉上車，但下車時，司機都會笑著祝福他們擁有愉快的一天，而乘客也報以微笑，顯示出他們的心情已經轉變了。

數年後，丹尼爾在《紐約時報》上讀到一則訃聞，得知那位司機的名字是加文·布朗（Govan Brown）。訃聞裡寫道，布朗曾經在長島的一間黑人教會當過牧師，所以他將乘客們都當作他的羊群。他將一個遠大的使命（也就是照顧他的羊群）帶到這份可能被別人視爲平庸的工作上。

加文·布朗的使命感與他的雇主紐約市公共運輸局有著鮮明的對比，他們的任務可以單純總結爲有效率地讓乘客到達目的地，和照顧乘客的心情幾乎完全無關。公共運輸局相對枯燥的正式宣言是：「藉由提供成本效益高、安全、準時、可靠、乾淨的運輸服務，增強此地區的生活品質和經濟健康。」

然而令人驚訝的是，個人的使命和組織的任務像這樣發生落差，不一定會有什麼關係。比起是否符合組織任務，僅僅只是維持**你自己**的使命就很有效果了。

我們的協會成員、光輝國際（Korn Ferry Institute）的西妮．史賓賽（Signe Spencer）所進行的研究讚揚著「目的感」——清楚自己的目的，最好的話，設法讓你的目的配合你在組織裡占有的利基。她的研究顯示，這樣的使命感和一個人是否投入工作、是否致力於組織，有著高度關聯。[5]

舉例來說，化石燃料公司雇用以終結二氧化碳排放作爲最重要使命的氣候變遷活動人士，可能帶來違反直覺的好處——他們的願景和活力也許可以幫助公司開拓視野，透過替代能源來減少碳排放，這可能是讓公司在未來能生存下去的重大策略。

簡言之，你個人的使命感和你所屬組織的任務未必要是完全一致的。企業可以受益於雇用像加文．布朗那樣的人，雖然他強烈的使命感並不完全與組織的任務一致。

當然，並不是所有人都能像布朗一樣幸運，在一份表面上看起來只是將人們從一個地方載到另一個地方的平庸工作中找到意義。你的內心想法和你實際工作的價值衝突，可能成爲一種巨大的壓力。以學校保健室的護理師爲例，如果時常被校長要求做一些她認爲違背職業道德的事情，她就會辭職。我們做的工作與我們的價值觀契合的情況彰顯了目的感的力量，讓我們感覺自己的努力有花費在自己認爲眞正有意義的事情上。有意義的工作讓我們可以進入並維持最佳狀態。我們內心的羅盤——告訴我們，什麼感覺是正確的、什麼不是——會指引我們通往最佳狀態。

如果你能回想起自己處於最佳狀態的時候，你會發現自己是投入其中且充滿熱忱的。最寶貴的經驗通常都不是來自痛苦地進行某個別人強加給我們的目標，而是來自我們做自己熱愛之事的時候，是我們擁有更遠大的使命，而不是僅僅爲了取得進展的時候。

熱心助人、友誼、歸屬感、忠誠這類的價值，簡單來說都是在關懷他人；與重視自我轉變或個人福祉的價值相比，它們更有可能讓人全力投入自己的工作，或者成爲一位好組織公民。這類以人類爲本的價值觀和使命感有緊密的關聯，從而也與組織投入及參與程度有關。相較於目的是提升自我地位的組織，當組織的目的是爲世界帶來益處或使世界更加進步，便會有更好的表現。

就像史賓賽說的：「員工的個人使命不一定要和組織宣稱的使命完全一致，只要他們覺得自己的工作和對他們來說很有意義的使命是有關聯的，就能從中獲益。」

只爲了追求金錢，而不顧道德、倫理或意義，可能會減損幸福感。許多人認爲，擁有一項比個人利益與經濟回報更加遠大的使命，會讓人更有得到報酬的感覺。

丹尼爾在《EQ》的第一頁就詳細敘述了他搭乘那趟加文．布朗駕駛的公車的故事，這引起了哈佛心理學家霍華德．嘉納（Howard Gardner）的共鳴。他和研究夥伴們、史丹佛的威廉．達蒙（William Damon）與已故的克萊蒙研究大學教授米哈里．契克森米哈伊（Mihaly Csikszentmihalyi）認爲，布朗是所謂「好工作」（good work）的典範：結合一流表現、全心投入，以及指引人生的道德目的。這種結合讓人們在自己喜歡的工作上表現優異，內心深深感到滿足。

布朗確實是一位非常傑出的公車司機，當他退休時，有數百名忠實支持他的乘客來參加派對、表示對他的敬意，這是唯一一次紐約市公共運輸局舉辦這樣的退休派對。到退休爲止，他收到了超過一千四百封表揚信，且沒有一封抱怨信。

☀ 目的 vs. 薪酬

令人意外的或許是，當員工尋求價值與工作之間的最佳契合時，一個組織的目的甚至可能凌駕於薪酬之上。[6]這給了企業一個理由去擬定更以目的為導向的策略：愈來愈多年輕人表示他們想要為支持他們使命感的公司工作。

談到人生滿足感，研究傾向於認為追尋人生目的更為重要。高階頭銜或巨額薪水等生涯成功的客觀標準並不能保證快樂，這不是什麼祕密；苦惱且不快樂的高階主管實在太多了。《老年學期刊》（*Journal of Gerontology*）的資料顯示，單是在工作中找到使命感與意義，便能帶來更多的人生滿足感，勝過擁有高地位的工作。你對自己工作的感受——主觀的現實——才會帶來高度滿足。

以經營一家嚴重發展遲緩兒照護機構的修女為例。對大多數人來說，會覺得她們的工作很辛苦：總是在清理髒亂，還必須不斷用最初級的方式提醒住院者照顧自己。這種地方的員工倦怠率高得離譜。

然而，當卡利評估經營這個機構的修女們，他發現倦怠率幾乎為零。主要理由是什麼？修女們具有一種使命感，她們是在事奉上帝。舉例來說，一名修女告訴他，她喜愛工作的每一分鐘，即便是最卑微、最令人不快的部分，例如在住院者發生意外之後清理打掃。她說，薪水微薄也無所謂，因爲她相信等她進入天堂就會得到最有意義的報酬。

就像我們在第一章提到的，在人們表現最好的日子裡，當他們覺得自己有進展的時候，他們的動力是來自內心。他們是因爲熱愛才做這份工作，而不是爲了可能得到獎賞。推動他們前進的不是金錢或升遷，而是對工作樂在其中。這正好是冷漠和不參與的相反。

將人類送上月球

傳說在一九六〇年代，一位在美國航太總署（NASA）工作的清潔人員被問到自己在做什麼工作時，他的回答是：「我在幫忙將人類送上月球。」就像那位公車司機一樣，別人可能認爲很平庸的角色，這位清潔人員卻在其中感受到更大的使命感。7

雖然金錢和地位可能是我們去做某一份工作的誘因，但是，開始做那份工作之後，我們的使命感才是更強的動力，會讓我們更爲投入、更加努力工作。大量研究顯示，薪酬和人們對工作的滿意程度之間的關聯非常微小。[8]

人們認爲最有意義的職業排名之中，健康照護和社會工作的名次非常高，它們很明顯有幫助到許多人。[9]但那位航太總署清潔人員的故事告訴我們，人們可以用自己的方式在工作當中找到意義。

認爲自身工作很有意義的人，會顯現出處於最佳狀態的徵象：他們的情緒和身體健康都較爲良好，並表示投入在這份職責讓他們很開心；他們茁壯成長。順帶一提，所謂的職責不一定要像我們想的那樣與工作有關，養育小孩或照顧年邁的父母也可以讓人感受到很重大的意義。

認爲使命感是最主要的動力來源，這樣的觀點似乎與利用獎金、升遷及薪資來促使人們盡力工作的這種標準經營管理方式有所矛盾。那種假設我們會爲了換取這類獎勵而更加認眞工作的管理方式，已經受到長久的批評，而且是出於一種相當顚覆性的論點：那一類的獎勵反而會**降低**工作表現。

獎勵與表現之間的關聯在數十年前就受到質疑了，研究顯示，比起獎勵，熱情和目的感更能讓人產生動力。[10]阿爾菲・科恩（Alfie Kohn）於一九九三年出版的著作《獎金的懲罰：金星、獎勵、甲等、稱讚及其他誘餌的問題》（*Punished by Rewards: The Trouble with Gold Stars, Incentive Plans, A's, Praise, and Other Bribes*），其標題已經說明了一切，書中舉例指出，成績會扼殺學生對課業的興趣。有大量研究證據支持他的觀點，而隨著其他人加入之後，這個觀點又更加有力。此觀點挑戰了思考學生與員工的動力的一般想法，並橫掃企業界與教育界的各個角落。

對於這種反對獎勵的觀點，最強力的支持來自於針對學生所收集的大量數據，檢視成績（可能成爲一種獎賞或一種懲罰，視成績好壞）和成就的關聯。科恩查看愛德華・德西（Edward Deci）與理查・萊恩（Richard Ryan）等當時的心理學家們的研究，結果顯示，比起單純地努力拚個好成績，內心有學習的欲望才是更佳的動力來源。[11]丹尼爾・品克（Daniel Pink）在暢銷商業書《動機，單純的力量》（*Drive*）當中也將同樣的論點應用至職場。[12]品克極具說服力地表示，太多組織依循過時的管理慣例，試圖透過某種形式的獎勵誘使員工表現得更好。但是，來自內心的動力遠遠勝出，我們會認爲這是自己的選擇，而不是別人叫我們去做的；我們因此產生掌控的感覺，或者至少逐漸開始找回掌控權；最後，我們感覺自己所做的事與對我們重要的事相符合。

在哈佛商學院針對人們工作日寫下的日記那份研究之中，標準管理方式會對員工的動力造成反效果。這份研究證實了品克的結論：威脅、嚴格的評價標準、過於緊繃的期限，甚至是承諾給予獎金等獎勵都屬於外在的、強加的動力，不一定會對工作表現產生助益，長期來看尤其如此。

那份研究發現工作日的真實情況是，一般假設高壓與恐懼可以提高生產力，但資料卻顯示出相反的結果。人們對自己的表現十分滿意的日子是高度正向的，讓他們感覺快樂。最值得注意的是，在那些日子，他們感覺受到他們重視的事物所導引，而不是被別人為他們設定的議程所推動。

最大的矛盾是這個：比起在威脅或壓力之下工作，當人們感覺到發自內心的動力，就會將同一份工作做得更好，也會更樂在其中。但是，學生仍然會努力讀書以取得好成績，員工仍然會努力工作以獲得加薪或升遷——至少這是我們探究生活中的動機時，會在四處看見的主流觀念。更多近期的研究顯示出更微妙的結果。有時候，外在的獎勵具有足夠的效果，能讓我們受到強烈的鼓勵去追求成果；但是，當那些獎勵與我們的內在動力相輔相成時，將最為有力，會加強我們本來就樂在其中的工作。[13]

假設你在自己正在做的事情中找到了意義與目的感，這是否代表無論別人對你正在做的事有什麼看法，你都無動於衷？也就是說，你是否如此投入於這件事，不怎麼在意其他人如何看待你的努力？事實上，對你來說很重要的人（以學生來說會是老師，以員工來說會是老闆），如果對你的成果做出評論，仍會對你產生影響。

因此，假如你收到負面評價（很低的分數或很差的考績），還是會拉低你的表現，即使你的主要動力來源是覺得那份工作充滿意義。[14]不過，如果裡面包含著指導你該如何改進的建議，而你也認同這份評價標準，而且是當面、即時地收到評價，那麼即使是負面評價，還是能增強你的內在動力。[15]

這三個步驟：說明如何改進、公平的評估、立即的回饋，已證實是給予他人建議的有效方式，不僅能讓對方確知自己表現如何，還可以幫助他進步。

大目的與小目的

勞麗．桑托斯（Laurie Santos）所教導的課程或許是耶魯大學史上最受歡迎的課程——

關於幸福的課程，她會讓學生讀阿爾菲．科恩的書。桑托斯表示，當她的超高成就學生閱讀這本書時，往往對純粹追求更多榮譽的意義感到不確定，並且會問，他們的人生目的是什麼？

她的答案是：「就是在早晨聞著咖啡香。愛你的孩子。享受性愛、雛菊和春季。就是生命中所有美好的事物。」

桑托斯所列舉的這些事物可以歸類到「小目的」，是日常生活中感受到的小確幸，給予我們鼓勵。不過，有強烈證據指出，「大目的」——驅動著我們的深刻內在動機——才能真正賦予我們的人生意義與目的。

你的目的感圍繞著讓你所做之事產生意義的價值觀。這個目的便是你道德上的方向舵或真北（true north），在你最重要的決定上指引你最迫切的遠景。我們人生的大目的、亦即讓我們產生強烈共鳴的獨特召喚，尤其如此。

維克多．弗蘭克（Viktor Frankl）是維也納的精神病學家，他是極少數從納粹集中營生還的人，也是著名的「大目的」提倡者。他的父母、兄弟、懷孕的妻子都在集中營裡去世了。當他被送到奧斯威辛集中營（他所經歷的四個集中營當中的第一個）時，他的外套襯裡內縫著他非常想要出版的書籍手稿。那件大衣在他到達集中營的第一天就被收走了，但是，被囚禁的四年來，他始終抱持著總有一天要出版那本書的強烈渴望。《活出意義來》（*Man's Search for Meaning*）就是弗蘭克堅持要出的那本書，後來成爲全球暢銷書，也成爲了跨世代讀者的道德羅盤。他在書中提到，只要找到生命的意義和目的，即使是最痛苦的地獄，我們也能存活下來——他以自己在集中營那四年接近死亡的經驗作爲證據。[16]

弗蘭克的理論是，生命的目的可以幫助我們克服最艱難的事，他引用德國哲學家尼采（Friedrich Nietzsche）的名言：「如果知道爲了什麼而活，就能忍受任何一種生活。」

放棄按照以自我爲中心的價值觀行事——例如，將痛苦減到最低，將愉悅放到最大——我們便能遵循一種由價值觀所驅動的目標，以我們想要成爲什麼樣的人爲前提做出選擇，而不僅僅取決於我們有何種感受。[17]

許多企業在招募新鮮人時會將公司的使命展示出來，像是面對Z世代畢業生的時候。默沙東藥廠徵才部門副總裁崔西・法蘭克林（Tracey Franklin）表示：「他們想要聽的是我們如何解決癌症或河盲症（river blindness），他們相信自己可以眞正改變世界，並希望在一個能改變世界的公司底下工作。」[18]

隨著氣候暖化加劇，一間以環境永續作爲核心使命的公司，較有可能吸引到才華洋溢的年輕一代領導者。除了永續之外，還有再生（regeneration），以眞正能幫助地球重現輝煌的方式來運作。[19]

當然，我們的價值和使命可能隨著人生的前進而演變。

丹尼爾在畢業第五十年的大學同學會上，詢問現場一百多位同學，看看有多少人曾經投入某項可以幫助他人、並非單純出於自身利益的活動，幾乎所有人都舉手了。

這反映出另一位協會成員凱西·克拉姆（Kathy Kram）告訴我們的事，她是波士頓大學凱斯特羅姆商學院（Questrom School of Business）名譽教授，和其他退休的學術人員一起研究所謂的「退休」。他們發現眞正退休的人愈來愈少了，至少以「完全不工作」這個定義而言。相反地，他們發現生命最後階段的人們談論著使命感的變化。當你離開做了那麼久的工作，自然而然會因爲失去了工作身分而感到失落，但接著他們發現，這讓你更能敞開心胸、找尋新目的，追尋對你來說有意義的事物。

職業生涯結束以後，許多人的目的變得更遠大了，雖然這可能只是因爲他們現在是用

「還剩下多少年」來計算自己的人生，而不是已經活了幾年。他們身後會留下什麼，這件事比以往顯得更加重要。隨著人們從原本的工作退休、因爲失去這個身分而感到失落，一個問題就浮現了：能不能將我的技術和才能應用在更有意義的地方？

克拉姆表示：「人們從房客——爲了工作替你定義的使命而活——變成自身意義的建築師。你可以用自己的專業能力去實現你所相信的目標。於是，你度過的每一天擁有更多喜悅、更少痛苦。」[20]

情商的目的

公車司機布朗體現了一項高階情商的象徵，這個特徵有時容易被忽略——他讓每一位與他接觸的人都更加愉快。他的存在滋養了每一位和他接觸的人，他是一位都市聖人，在一個非常需要快樂的城市裡掀起快樂的漣漪。

情商的前兩個部分是專注於我們自身，讓我們可以更妥善管理自己紛亂的情緒，並培養韌性等正向能力。這兩個情商部分創造出一種冷靜看待事物的視角，一種能看見自己與身邊所有人潛能的心態，並讓我們持續朝著目標前進。當我們找到內在世界的平衡後，就可以試著發揮同理心去理解每個人，進而和他們產生連結。如果一切順利，其他人跟我們互動之後會是更爲正向的狀況——進而更容易進入他們的最佳狀態。

布朗以具有感染力的親切溫暖來對待公車乘客，這顯示出情商的目的：**讓我們自己以及與我們連結的人，更接近最佳狀態**。

以下是一些重點提醒：情商將會成爲必需品，但是，光有情商還不足以面對長期挑戰，更不用說是遙遠的未來了。各項能力的協同作用將爲人類面臨的危機、挑戰與機會創造更好的回應，例如，強烈的目的感將激發必要的動力去尋找解決方案。年輕人似乎特別傾向於支持那些以更廣大利益爲使命的事業及組織。最後，我們將在下一章談到另外兩組相輔相成的技能，包括對系統的了解和創新的精神。

第十五章
創新與系統

兩位生物學家，來自巴黎的方斯華．賈克柏（François Jacob）和來自南非的西德尼．布瑞納（Sydney Brenner）（這兩位之後都獲得了諾貝爾獎）從加州理工學院的實驗室放假一天，在附近的海灘上閒晃。[1]他們已經停滯了好幾個月，一直無法成功在活體內複製核糖體（ribosome），它是一種化學傳訊者（chemical messenger），由RNA組成，可以指示基因製造特定的蛋白質，是基因活動當中的一把鑰匙。

雖然他們對於牽涉其中的複雜生物化學翻來覆去、下了不少功夫，但即使能捕捉到正確的分子，混合物還是會崩解。他們知道自然界中一定有某種化學黏合劑能將核糖體黏著起來，但他們大惑不解，那到底會是什麼？

布瑞納在海灘上沉思，他很確定那是一種十分單純的化學物質，在與生物相關的地方無所不在。突然之間他靈光一閃，揚起沙子、激動地站起來大喊：「是鎂！」

的確就是鎂。

他們回到實驗室，往核糖體混合物內加入鎂。當成分比例正確時，核糖體組成了，這小小的一步造就了今日的基因體科學。遺傳學就像其他科學領域一樣，是萌發於大量的創新觀點——小勝利——每一個都是建立在原有的知識上，但是用一種獨特的方式將它們結合起來。

我們認爲某種心智靈敏度（mental agility）對於創新有著至關重要的價值，而接下來創新能力只會變得愈來愈重要，因爲我們即將面對的未來充滿著無法預料的改變、挑戰、機會及阻礙。能夠幫助我們轉換心理狀態的心智靈敏度會是創新觀點的關鍵。

布瑞納在海灘上靈光乍現的經驗，體現出創意的典型三階段。**第一階段**是沉浸在問題之中，以此例來說就是徒勞無功地鑽研核糖體的生物化學。進入**第二階段**時，思緒進入中立狀態，隨意到處漫遊，這個階段一直延續到「靈光乍現」、創新觀點出現，也就是發生在海灘上的事。最終是**第三階段**，實際執行那個創新想法，努力將它化爲現實、變成有用的東西。

以上每一個階段需要仰賴不同的大腦狀態。第一階段會啟動新皮質之中與好奇心和廣泛收集資訊有關的區域。第二階段有時稱爲「孕育」，使前述活動結束，並開啟「預設模式網路」（default mode network），當我們沒有專注於某件特定事物的時候，大腦就會開啟這個模式。[2]在這個模式下更容易誕生具有創意的想法，新穎的點子彷彿突如其來般出現。第三階段中，我們實際執行，將創意想法轉化爲某種有用的形式，這又再度需要能專注於眼前工作的新皮質活動。

簡單來說，創意需要心智靈敏度來切換大腦的狀態，從堅持必須完成使命的狀態，轉換至做白日夢、較爲開放的預設模式網路，思緒自由地飄移，於是嶄新的元素更有可能以前所未見的方式結合在一起——**是鎂！**

接著再度轉換到專注於眼前工作的神經活動，這是我們實際執行創意想法時所必需的。以布瑞納和賈克柏的例子來說，也就是指找出正確的成分比例這項艱鉅任務。每一個階段都需要彼此的存在，創意的想法引導著執行階段，而在實作當中的反覆試錯，則可以找到正確的途徑將創意想法化爲現實。

以大腦掃描的結果來比較能迅速冒出創意想法和掙扎著想不出新鮮點子的人，發現他們的大腦運作方式有著關鍵性的差異。[3]針對大腦哪些部位的連結最為強烈進行分析，發現較為創新的人們大腦之中，前額葉皮質的關鍵部位（尤其是左側額下回等區域）與預設模式網路的連結最為強烈。他們更加流暢的創造力，似乎連結著具有想像思維能力的預設模式網路，以及大腦的執行中心。

在孕育和執行的階段時，大腦的狀態有著非常不一樣的節奏。預設模式網路是孕育的根源，不能催促它，但是執行的部分會緊盯著時鐘。某個高端時尚品牌的主管向丹尼爾抱怨，他們創意設計部的設計師和部門執行長之間永遠維持著緊張關係。這也許是無可避免的：設計師在孕育階段必須仰賴創意思考，這不能預先安排進度，但執行長無論如何都得一年三至四次推出嶄新的設計，必須在這種設計公開之前趕緊開始生產。兩者在完全不同的時間軸上工作，造成了麻煩。

創意產生的三個階段最早可以追溯到十七世紀，數學家暨哲學家布萊茲．帕斯卡（Blaise Pascal）提出了這種想法，科學研究顯示他提出的內容至今仍然適用。創新活動的第一步通常始於好奇心，廣泛地四處探索並收集資訊，最終為問題帶來富有創意的解決方案。

☀ 好奇心

據說某個下雪的日子，法蘭西斯．培根（Francis Bacon）正在倫敦漫步，他突然間感到好奇，低溫能否保存一隻死掉的雞？這位十七世紀的哲學家暨科學方法早期開發者，將雪塞進一隻死雞裡，試圖研究此事。但是，在做這件事的時候，他感染了風寒，引發肺炎，最終去世。

這個可能是杜撰的故事出自另一位十七世紀哲學家湯瑪斯．霍布斯（Thomas Hobbes）之口，帶有警世意味，警告世人好奇心太過旺盛的陰暗面。它的現代版本可能會是相信釣魚網站、陰謀論，以及所有被科學家斥爲「狗屁」的事物。

另一方面，研究顯示健康的好奇心可以讓我們更有創意。關鍵就在於我們如何處理與生俱來的「食訊動物」（infovores）習性，四處獵捕資訊、找到可以參考的規律，幫助我們面對人生中的不確定性。雖然廣泛的好奇心可能導致我們收集到許多不會立即派上用場的資訊，但我們天生傾向於將自己的理解當中缺失的部分填滿，這種傾向讓我們想要去研究那些讓人驚訝且可能會有用的事物。

這樣的動力似乎在大腦的運作當中擁有一塊基地。不確定性或資訊的缺失會啟動前額葉皮質的迴路，觸發正面感受，並活化記憶。[4]

健康的好奇心讓我們可以發揮創意，去接觸廣泛的新知識、新主意、看待事物的新方式，爲傷腦筋的問題找到新見解或新方案。然而，我們所擁有的是哪一種好奇心，這一點非常重要，其中最糟糕的可能是病態的好奇心，讓我們探索可怕的犯罪、無法自制地追尋可疑的理論，或者不斷在手機上滑著負面消息。最理想的好奇心則稱爲「快樂探索」（joyous exploration），讓我們對廣泛的事物抱持興趣，在學習和深度自我反思中得到眞正的快樂。[5]

孕育

在一場聚餐上，丹尼爾對面坐的是林瓔（Maya Lin），她以設計越南退伍軍人紀念碑而聞名。林瓔說她將要去巴黎創作一項作品，但她現在完全不知道會是什麼樣的作品；那個場地自然會讓她明白該怎麼做。

丹尼爾隔壁坐的是鄭曦然（Ian Cheng），他創造出一種全新的藝術型態，結合人工智慧、電玩技術、認知科學以及自由自在的想像力。[6] 鄭曦然表示，在創造力迸發的時刻，他會讓潛意識告訴他下一步該怎麼做。

某方面來說，林瓔和鄭曦然說的是同一件事，從大腦的角度，他們描述了一種我們認爲未來將會愈來愈重要的心智技巧：對創造性的觀點抱持開放的心胸，這是一切創新的種子。

一位小說家曾寫過她如何得到靈感：「有時候我眞的很難找到合適的題材。沒有好點子時，我會嘗試讓思緒漫遊，不受任何與電腦相關的外在因素打擾。（推特、Instagram、電子郵件，都不行！）」[7]

她推崇「不插電時刻」——不聽播客、不多工處理、不讓自己沉浸在其他人的想法裡。她發現更好的做法是去安靜的地方散步。預設模式網路會在這樣的休息期間啟動：在海灘上發呆、泡澡或沖澡、無聊的通勤路上。在這些情況下，我們能更輕易放掉對某些問題的專注，然後（如果幸運的話）解決方案就會自動從心智深處浮現出來，迎接靈光乍現的時刻。好主意似乎是突然之間冒出來的。據信，羅馬哲學家西塞羅（Cicero）曾說：「只有懂得放鬆的人才有能力創造，對他們來說，點子就像閃電一樣出現在腦中。」

哈佛研究員針對數百人在工作日寫下的日記進行分析，發現創新思考較少出現在有緊急事務、有時間壓力的日子，反而遠遠較常出現在沒有時間壓力的日子。[8] 非常稀少的例外是，有些人會在高度壓力之下想出突破性的點子，通常是那件事真的如同性命一般重要，此時所有的分心源都會被排除在外，全心全意地尋找解決方案。暫停其他職責，讓人有時間沉入預設模式網路之中。

執行

修復受傷的馬蹄是蹄鐵匠的萬年難題，照顧馬蹄的健康是他們的職責。最糟的情況下，馬蹄的疾病可能會造成嚴重的骨流失，對馬匹而言相當致命。

「我曾經用過魔鬼氈、釘子、各種常見的方式將裂開的馬蹄固定回去，但是沒一個有效果。」經驗豐富的蹄鐵匠道格．愛爾曼（Doug Ehrmann）說。

愛爾曼在蹄鐵匠的世界裡做出許多創新的發明，其中包含六項專利。他說，這些能取得專利的點子都是半夜突然冒出來的。某天晚上，他對修復馬蹄產生了一個非常關鍵的見解：「我發現解決方案必須是將某個東西釘進馬蹄裡，近幾年人們會避免使用任何需要釘的方法，比較偏好魔鬼氈和黏膠這類材料。」

愛爾曼已經不記得究竟是他自己還是他的事業夥伴，想到要使用鋅這種材料來製作DE馬蹄釘（DE Hooftap）並銷售給蹄鐵匠。這種馬蹄釘外層包覆著抗菌鋅，由微微彎曲的細不鏽鋼條和三個有倒鉤可固定的突起所組成。愛爾曼和他的夥伴知道鋅不會生鏽，而修復馬蹄時一個很大的問題就是，你無法要求馬兒一直讓馬蹄保持乾燥。

但是，當他們將馬蹄釘分發給蹄鐵匠之後，卻收到回報表示馬蹄釘可以治療馬蹄疾病，這並不是他們原本預料會出現的效果。針對鋅的特性進行深入研究後，愛爾曼發現鋅可以阻止感染的進程。

雖然鍍鋅的馬蹄釘無法治療已經受到感染的馬蹄，但它會促進新細胞生成、修復馬蹄。愛爾曼和夥伴實際執行鍍鋅這個點子後，碰巧發現了它的新功能，也就可以用更爲新穎的方式來行銷馬蹄釘。

這樣的微調顯示出執行階段的典型樣貌——將創新的概念進行測試、實際使用後，收到批評、建議，逐漸調整，使它愈來愈好。

愛爾曼擁有DE馬蹄釘的專利，它就像是馬蹄的萬靈丹一般，從蹄葉炎（laminitis）到馬蹄裂開都能治療。一匹價值兩百萬美元的賽馬長期有馬蹄裂開的問題，這可能導致牠的比賽生涯提前結束，但是DE馬蹄釘解決了問題。一位康乃爾大學獸醫學院（相當於獸醫領域的哈佛醫學院）的教授就一直使用DE馬蹄釘來治療馬匹。

哈佛心理學家霍華德·嘉納指出，要有這兩大要素才能讓新想法變成創意行為：新穎的要素結合方式，以及實用性。[9]孕育階段會促進新穎的組合，執行階段則圍繞著實用性。

雖然創作這件事看似最困難的是想到創新且有用的主意，但創意人士們卻常常說，最難的部分其實是執行。執行代表你必須將嶄新的創意仔細打磨成能實際使用的樣子，這不僅需要相關技術，更需要自律、專注，還得有能力啟發別人加入你——簡單來說就是情商。

正確的執行也許只要簡單地重新界定發明，以顯示其用途——**DE馬蹄釘可以治療馬蹄**；也可能像找到正確的鎂比例一樣困難，必須進行多次實驗。

就像鎂在遺傳學的應用一樣，創造出最終的成果可能需要無數次嘗試找出問題、解決問題、克服意料之外的挑戰。哈佛對於「好日子」的研究顯示：「許多人一起前進小小的一步，就能累積成爲巨大的執行成果。」[10]

創新所必需的心智靈敏度，其最大敵人就是思想僵化。《彭博商業周刊》進行的一項調查發現，在全球最大的石油公司之一，管理階層不願將石油所帶來的巨大利潤，投資於研發創新且更加永續的經營方式，造成員工極度不滿，尤以ＩＴ部門爲最，[11]結果就是許多優秀的科技專家決定辭職走人。

也可以看看黑莓機的例子，這個品牌在早期的智慧型手機市場中占有主要地位。那時候許多公司都會發放黑莓機給員工，因爲它具有優越的安全性，且鍵盤設計精良。兩位共同執行長將公司的研發重點放在提升技術，卻沒有注意到企業已經開始開放員工攜帶自己的安卓或蘋果手機來上班。即使市占率直線下滑，兩位工程師出身的執行長仍然不顧公司的未來，堅持著老舊僵化的路線。時至今日，你已經很難在任何地方看到有人拿黑莓機。

紐約證券交易所的上市史，訴說著關於擅長適應改變的公司和相反的公司的故事。幾乎所有一百年前上市的公司現在已不復存在，大都被具有創新思維、曾在市場上推出新穎產品或服務的公司所取代，並且在許多案例中讓他們的老對手關門大吉。而這些新公司接下來要不是消失，要不就是繼續創新。未來只會帶來更多壓力與更多機會，各間公司需要透過創造力和創新生存下來，甚至成長茁壯。

系統的問題

「今天我家鄉島上有選舉，」一位來自加勒比海的女士告訴丹尼爾，「我可以回去投票。總共有兩個政黨，他們都會替我出機票錢，讓我回去投票。」

但是沒這麼單純，她補充：「他們是希望，幫你出機票錢，你就會投票給他們。兩個政黨都很貪腐。」

她解釋，贏得選舉的人會讓自己的親信占據整個政府，獲得權力的人會進行收賄而變得富有。在那座島上，有錢人愈來愈有錢，窮人則永遠住在破爛小屋裡。

富有的強權階級，與一貧如洗的下層階級，這樣的困境是如今許多國家的典型特徵。雖然貪腐爲問題增添了另一個層面，但托瑪．皮凱提（Thomas Piketty）在《二十一世紀資本論》（*Capital in the Twenty-First Century*）中的研究明確指出讓貧富差距不斷擴大的經濟基礎，這本書記錄了幾世紀來無法阻止的一股趨勢，讓事業主變得愈來愈有錢，勞工則愈來愈貧窮。

雖然富人捐獻可以對窮人的困境帶來一點幫助，但僅只是杯水車薪，需求遠遠大過慈善事業所能修補的範圍。就像那位加勒比海的女士所說的，整個系統充滿了問題。其中一個不太可能實行的解法，就是從根本去改變體制。

組織覺察屬於情商能力之一，代表著對於系統的了解。組織覺察通常是用來形容可以看出家族內部或組織內部動態的能力，適用於任何層次的系統，包含經濟和政治系統。就像那位女士對她家鄉島嶼的看法——一種全球規模的同理心。

我們的成長過程中，都曾在家人之間接觸過這種系統性的動態。誰影響了誰？有沒有哪一位叔叔阿姨對你父母的影響特別大？有沒有哪位兄弟姊妹的意見比其他人更容易被採納？身爲一名青少年，你的同儕之中誰具有最大的影響力？是那個「酷小孩」嗎？

換句話說，在家族成員或一群朋友當中，幾乎總會有某一人或少數幾個人特別具有影響力。而組織的基本動態就像是一種家庭，有著地下社交網絡。能夠理解誰對誰產生影響，就是組織覺察的核心。

能夠說出某個特定社交網絡的成員，代表著你具有組織覺察，有能力解讀運作中的社交網絡。舉例而言，能夠創造一連串改變的人未必需要擁有重要的頭銜地位，但必須要能推動社交網路裡的人朝著目標進行改變。[12]

因此，組織覺察的核心，就是一種解讀團體中的情緒動向和權力關係、知道誰對誰能產生影響的能力。[13]這表示要理解組織作爲一個社交系統的意義——這種能力需要仰賴系統思維。

影響力的社交網路之外，這種敏感度讓你能注意到這個社交環境當中不成文的規定和價值觀，辨識出重要的個人網路，進而找到合適的人做出關鍵決策——甚至是組成聯盟來完成任務。

若要面對氣候暖化、貧富差距、政治腐敗等全球危機，就更加需要系統思維了。

氣候、經濟、社會等存在於系統中的動盪現實，很大程度上讓我們必須關注更廣泛的背景，這提供了我們機會，同時也爲我們的選擇設下限制。這種系統覺察力讓我們理解科技演化、經濟循環、文化及社會潮流、無法阻止的氣候暖化將會如何影響我們的目標以及實現目標的方法。

這是一個系統性的困境，影響著我們每個人的生活：我們所處的環境讓我們持續接收到空氣汙染、有毒化學物質、遭到汙染的水和食物、輻射、藥物、重金屬、懸浮微粒等。這些化學物質在我們身體裡逐漸累積，讓我們終生持續暴露於其中，加速癌症、氣喘、失智症、心臟疾病的發生，更不要說衰老的摧殘。[14]

無可否認的是，這些有毒物質都是一點一點進入我們身體裡的，會造成重大的影響正是因爲這些持續的累積。有一項估計顯示，每年約有一千兩百萬人因爲受到這些物質的影響而早逝，大約占所有死因的二〇%，所有過早死亡（死於三十歲至六十九歲之間）的三分之一。這個數字比死於感染、暴力事件或吸菸的人數還要多。

雖然遺傳易感性（genetic susceptibility）占了一席之地，但證據顯示我們對這一長串環境毒物的每日接觸，對我們健康所造成的影響更大。暴露體學（exposomic）這門新學問就是在研究那些化學物質對我們身體產生危害的各種方式。

造成這一切的罪魁禍首就是我們自己。舉例來說，從一九五〇年代起，我們開始接觸到數萬種新合成的工業化學物，且幾乎完全不了解它們對健康的負面影響（至少在美國是如此，歐洲國家對這類危機更加警覺）。我們無憂無慮地使用含有這些化學成分的衣物與化妝品，將化學物質噴灑在作物上，在大量的日常生活用品中使用這些成分。

我們對這些生物危害視而不見，隨著體內的化學物質及其衍生物的總量不斷增加，這些危害也逐漸累積。它們會導致發炎、細胞死亡、器官損傷、引發癌症以及糖尿病等慢性病，並讓我們的身體加速老化。它們還會阻礙我們的內分泌系統，讓我們更容易過敏和感染，並干擾認知能力。

雖說如此，這些化學危害的生物學途徑仍然不透明，我們無法確知到底是我們接觸的哪一些物質「造成」哪一個問題。於是，那些物質持續以各種不同的方式對我們造成危害，且沒有實際證據顯示它們到底是如何產生危害。

有鑑於這些化學物質對所有人的健康產生如此重大的影響，我們可以做些什麼來保護自己？此時，這些能力的結合——情緒智商、強烈的目的感、創新、系統思維——就非常重要了。要替這些化學物質創造出透明度，需要強大的集體決心，尤其因爲許多產品都含有毒成分，銷售這些產品的人會抵制公開的標示。我們還必須以創新的方法來識別並公開那些成分。更大規模的系統觀點讓我們可以廣泛調查周遭環境中、所有我們可能接觸到的化學物質。尋找並解開化學危害問題的過程可能令人不愉快，甚或引發衝突，而運用情商來執行以上這些事則有可能使過程更加平順。

在推動這項大工程時，我們要懂得區分關心和影響力的決定性差異。我們的關心範圍可能從自己所愛的、最在意的人，一直到危險駕駛、全球暖化等議題。但是，影響力範圍就不同了，這是指我們能夠實際產生影響的對象和議題。[15]我們的影響力和我們的身分地位有很大的關係，美國國會議員或全球食品公司的執行長，必定比同一間公司底下的卡車司機擁有更大範圍的影響力。因此，我們應該將努力聚焦於自己能造成改變的事情上。（或者就像哲學家小丑瓦維．格萊維（Wavy Gravy）所說的：「將你的長處投入在能發揮最大作用的地方。」）相反地，試圖改變那些我們無法改變的事——因爲那並不在我們的影響力範圍內——就會浪費我們的精力和時間。

另一方面，雖然單憑個人可能做不出什麼改變，但如果人們聚集起來、一起做一樣的小事，小小的舉動累積起來就能帶來巨大的成效。選舉就是一個明顯的絕佳例子，還有股東投票以改變企業策略，或者消費者拒買某項產品等。

我們可以與那些在某個領域內擁有更多權力的人組成同盟或夥伴關係，藉此拓展自己的影響力範圍。也許我們無法很有效地實現特定目標，但我們可能認識能做到這件事的其他人，也或許有機會和他們攜手合作。達賴喇嘛建議我們應該竭盡所能地努力實現對我們來說很重要的目標，即使我們可能無法活著看到目標達成的那一天，但至少我們已經盡了自己的一分力，將這沉重的目標向前推動了一點點。

＊＊＊

在我們寫到這裡的時候，全球人口已經超過八十億了。我們的地球有辦法承受這麼多人類嗎？目前這還是一個開放式問題。就像達賴喇嘛所指出，我們的本質都是一樣的，但他也再三強調：「我們一定要學習和平共處。」

毫無疑問地，這需要深度地重新思考我們長久以來視爲理所當然的系統。在我們完成這本書的時候，哥倫比亞商學院院長表示，就連我們經濟的基本交流都可說是有待討論的問題，有鑑於「氣候變遷、社會正義問題和全球化對社會的影響。」他補充：「關於我們的未來可以是什麼模樣，以上這些全都帶來發人深省的提問。」[16]

我們正在前往不確定的未來——舉幾個明確趨勢來說，地球暖化加劇、更多人競爭更少的資源、貧富差距加大、信仰和意識型態更加極端化——而若要面對確定會到來的危機，管理自己的情緒就成了第一步。這讓我們在面對困境時更能做出周全的決定，保持動力、朝向目標前進，維持健康的人際關係。無庸置疑，團隊合作絕對會是必要的。

「你可以規劃到一百年以後，但你不會知道下一個瞬間將發生什麼。」這是印度一位有智慧的瑜伽修行者告訴丹尼爾的。〈順其自然〉（Que Sera, Sera）這首老歌也告訴我們：「未來不是我們所能預見的。」例如，還未出現的創新可能就會大幅改變遊戲規則。簡單來說，沒人知道。

將這些警告牢記心中，我們明白，在展望情商的重要性之時，我們正走進未來的迷霧中。免責聲明：我們不知道那厚厚的雲霧裡到底有著什麼，但這本書是我們最有把握的猜測，這些技能連同情商一起，也許可以幫助我們順利通過未來可能遭遇的任何風暴。

謝辭

首先，衷心感謝Ania Wieckowski，我們先前在《哈佛商業評論》的編輯。她的提問與質疑讓我們明白，我們要說的更適合在篇幅較長的書本中論述，好過短篇幅的《哈佛商業評論》文章。Ania或許在無意間指引我們走上這條路。

我們感謝組織EQ研究協會（CREIO），他們多年來的研究結果證實與協助我們思考我們的訊息——我們一再引用了他們的研究。

丹尼爾要感謝Jonathan Dahl准許本書使用他在《光輝國際簡報》（*Korn Ferry Briefings*）撰寫的專欄與他的部落格kornferry.com的文章。同時要感謝Salesforce執行長Marc Benioff鼓勵他書寫，最終成就了這本書。

許多人提供意見、資料或其他省思豐富了我們的想法，包括：Richard Boyatzis、Michael Stern、R. J. Sadowski、George Kohlreiser、Richard Davidson、Diana與Jonathan Rose賢伉儷、Bill George、Ronald Humphrey、Signe Spencer、Ruth Malloy、Matt Lippincott、Richard Hua、

Elizabeth Lesser，Emma Bena與Bilal Ghalib。

卡利要感謝Rob Emmerling幹練地接掌CREIO，讓他可以投注全部時間到這個企劃。卡利亦感謝Cornelia Roche，他們先前的研究對本書有許多貢獻。他也要感謝Lara Delmolino Gatley與羅格斯應用暨專業心理學研究所（Rutgers Graduate School of Applied and Professional Psychology）的其他行政人員，一直爲卡利的計畫提供支援。

特別感謝Harper Collins的編輯Hollis Heimbouch，縱容我們自由構想在本書中提出的問題與要點。

我們要感謝我們的妻子。丹尼爾一向感激他的妻子Tara Bennett-Goleman對於情商的直覺天賦、她的暖心建議，以及這些年來他向她學習的所有事物。卡利要感謝他的妻子Deborah，她是情商領導力的模範，總是慈愛地陪伴他身邊，支持一路上的每一步。

16. James S. Russell, "At Columbia's $600 Million Business School, Time to Rethink Capitalism," *New York Times*, January 6, 2023.

（注釋請從第345頁開始翻閱。）

(2014): 92–98, doi:10.1016/j.neuropsychologia.2014.09.019.

4. M. J. Gruber and C. Ranganath, "How Curiosity Enhances Hippocampus-Dependent Memory," *Trends in Cognitive Science*, November 6, 2019, https://doi.org/10.1016/j.tics.2019.10.003.
5. T. Kashdan et al., "The Five-Dimensional Curiosity Scale," *Journal of Research in Personality* 73 (2018): 130–49.
6. Frank Rose, "Very Personal Computing: In Artist's New Work A.I. Meets Fatherhood," *New York Times*, August 27, 2021, https://www.nytimes.com/2021/08/27/arts/design/ian-cheng-shed-life-after-bob.html.
7. Melissa Dassori, "Inspiration versus Perspiration," Writersdigest.com, July 30, 2022.
8. Amabile and Kramer, *The Progress Principle*.
9. Howard Gardner, *Creating Minds*. New York: Basic Books, 2011.
10. Teresa Amabile and Steven Kramer, "The Power of Small Wins," in *Purpose, Meaning, and Passion* (Boston: Harvard Business Review Press, 2018), 120.
11. Kevin Crowley, "Exxon's Exodus: Employees Have Finally Had Enough of Its Toxic Culture," *Bloomberg Businessweek*, October 13, 2022, https://apple.news/AU93JES9cRIGbBO0CLCAzCw.
12. Julie Battilana and Tizania Cascario, "The Network Secrets of Great Change Agents," *Harvard Business Review*, July 1, 2013, https://hbr.org/2013/07/the-network-secrets-of-great-change-agents.
13. KeyStepMedia, *Organizational Awareness: A Primer* (Florence, MA: MoreThanSound, 2017), 23.
14. 更多細節請見：Graham Lawton, "Our World Against Us," *New Scientist*, January 29, 2022, 44–47。
15. 針對你所關注的範圍和你所影響的範圍做出區分，此概念是由史蒂芬・柯維（Stephen Covey）所提出：*The 7 Habits of Highly Effective People* (New York: Simon & Schuster, 1989)。

ed., *Wiley Encyclopedia of Management* (London: Wiley, 2014).
14. C. J. Fong et al., "A Meta-analysis of Negative Feedback on Intrinsic Motivation," *Educational Psychology Review* 31 (2019): 121–62, https://doi.org/10.1007/s10648-018-9446-6.
15. C. J. Fong et al., "When Feedback Signals Failure but Offers Hope for Improvement: A Process Model of Constructive Criticism," *Thinking Skills and Creativity* (2018), https://doi.org/10.1016/j.tsc.2018.02.014.
16. 這個故事出自於弗蘭克逝世後才出版的書籍，該書集結他從納粹集中營被釋放的數月後在維也納的演說。那些被遺忘的演說被重新發現，並首度以英語出版成書（丹尼爾有幸撰寫推薦序）。這本書的書名總結了弗蘭克的看法：《向生命說Yes：儘管經歷了這一切》（*Yes to Life: In Spite of Everything*）。
17. T. B. Kashdan and P. E. McKnight, "Commitment to a Purpose in Life: An Antidote to the Suffering by Individuals with Social Anxiety Disorder," *Emotion* 13, no. 6 (2013): 1150–59, doi:10.1037/a0033278.
18. Tracey Franklin, quoted in Adam Piore, "Wanted: College Grads Seeking Adventure," *Newsweek*, June 28, 2019, 30.
19. Paul Hawken, *Regeneration* (New York: Penguin, 2021).
20. Kathy Kram, presentation at CREIO, Boston, May 3, 2019.

第十五章　創新與系統

1. Sydney Brenner's creative insight on the ribosome: Siddhartha Mukherjee, *The Gene: An Intimate History* (New York: Scribner, 2013).
2. M. E. Raichle, "The Brain's Default Mode Network," *Annual Review of Neuroscience* 38 (2015): 433–47, https://doi.org/10.1146/annurev-neuro-071013-014030.
3. R. E. Beaty et al., "Creativity and the Default Network: A Functional Connectivity Analysis of the Creative Brain at Rest," *Neuropsychologia* 64

Psychology vol. 83, October 2022, 101866
5. Guangrong Dai et al., "They Who Have a 'Why' to Live For: Purpose Facilitates Positive Employment Experience," Research Association for Interdisciplinary Studies, June 2020, doi:10.5281/zenodo.3909861.
6. Shawn Achor et al., "Nine Out of Ten People Are Willing to Work for Less Money for More Meaningful Work," *Harvard Business Review*, November 8, 2018.
7. A. M. Carton, " 'I'm Not Mopping the Floors; I'm Putting a Man on the Moon': How NASA Leaders Enhanced the Meaningfulness of Work by Changing the Meaning of Work," *Administrative Science Quarterly* 63, no. 2 (2018): 323–69.
8. T. A. Judge et al., "The Relationship Between Pay and Job Satisfaction: A Meta-analysis of the Literature," *Journal of Vocational Behavior* 77, no. 2 (2010).
9. 例如："The Most and Least Meaningful Jobs," Payscale, http://www.payscale.com/data=packages/most-and-least。
10. 有其他學者進一步研究阿爾菲·科恩的開創性理論，例如Edward Deci。請見：Edward Deci et al., "A Meta-Analytic Review of Experiments Examining the Effects of External Rewards on Intrinsic Motivation," *Psychological Bulletin* 125, no. 6 (1999)。
11. Edward Deci and Richard Ryan, *Intrinsic Motivation and Self-determination in Human Behavior* (New York: Plenum Press, 1985). A summary of their work is in . Ryan and E. Deci, "Self-determination Theory and the Facilitation of Intrinsic Motivation, Social Development, and Well-being," *American Psychologist* 55, no. 1 (2000): 68–78, https://doi.org/10.1037/0003-066X.55.1.68.
12. Daniel H. Pink, *Drive: The Surprising Truth about What Motivates Us* (New York: Riverhead Books, 2009).
13. Beth Hennessey et al., "Extrinsic and Intrinsic Motivation," in Cary L. Cooper,

Those Who Possess It: An Interpersonal Perspective on Social Cognition," in G. Bodenhausen and A. Lambert, eds., *Foundations of Social Cognition: A Festschrift in Honor of Robert S. Wyer, Jr.* (Hilldale, NJ: Erlbaum, 2003), 237–62.

22. Amy Lui Abel and Vivian Jaworsky, "COVID-19 Reset and Recovery: Coaching Leaders into the Future with Empathy and Emotional Intelligence," Conference Board, February 12, 2021.

第十三章　建立情商文化

1. 大多數資訊由該公司總裁暨執行長史坦沃斯提供。
2. Satya Nadella, *Hit Refresh: The Quest to Rediscover Microsoft's Soul and Imagine a Better Future for Everyone* (New York: HarperBusiness, 2017). 例如，納德拉推薦他的領導團隊閱讀馬歇爾・盧森堡（Marshall Rosenberg）的著作《非暴力溝通》（*Non-Violent Communication: A Language of Life*）。
3. 有關「同儕教練」的更多資訊，請見：P. Parker, D. T. Hall, and K. E. Kram, "Peer Coaching: A Relational Process for Accelerating Career Learning," *Academy of Management Learning and Education* 7 (2008): 487–503。

第十四章　關鍵組合

1. Chloe Taylor, "Tim Cook Says He Uses 'a Very Good Formula to Look for Apple Employees–These Are the Four Traits He Seeks Out," *Fortune,* October 3, 2022.
2. Claudio Fernandez-Araoz et al., "From Curious to Competent," *Harvard Business Review*, September–October, 2018.
3. Conference Board, "Key Themes and Trends Emerging in 2018," in *Global Executive Coaching Survey 2018*, https://www.conference-board.org/topics/executive-coaching/global-executive-coaching-survey-2018-report.
4. Lorraine Whitmarsh et al., "Climate Anxiety," *Journal of Environmental*

doi:10.1108/17538370810906237; M. Slaski and S. Cartwright, "Emotional Intelligence Training and Its Implications for Stress, Health and Performance," *Stress and Health* 19 (2003): 233–39; N. Clarke, "The Impact of a Training Program Designed to Target the Emotional Intelligence Abilities of Project Managers," *International Journal of Project Management* 28 (2010): 461–68, doi:10.1016/j.ijproman.2009.08.004.

13. I. Kotsou, M. Mikolajczak, A. Heeren, J. Gregoire, and C. Leys, "Improving Emotional Intelligence: A Systematic Review of Existing Work and Future Challenges," *Emotion Review* 11 (2019): 151–65.
14. MD安德森癌症中心的資訊大多來自於領導研究中心（Leadership Institute）的助理副總裁Courtney Holladay。
15. D. Nelis, I. Kotsou, J. Quoidbach, M. Hansenne, F. Weytens, P. Dupuis, and M. Mikolajczak, "Increasing Emotional Competence Improves Psychological and Physical Well-Being, Social Relationships, and Employability," *Emotion* 11 (2011): 354–66.
16. Gilar-Corbi et al., "Can Emotional Intelligence Be Improved?"
17. Boyatzis and Cavanagh, "Leading Change." 波雅齊斯即將出版的有關意向改變理論的新書將完整說明這項理論。
18. 關於如何獲取情緒與社會能力量表（ESCI），請前往：https://store.kornferry.com/en/search?search=ESCI。
19. 例如，情緒與社會能力量表似乎更能辨別職場卓越表現，勝過大多數其他情商測量方式。R. E. Boyatzis, "The Behavioral Level of Emotional Intelligence and Its Measurement," *Frontiers in Psychology* 9 (2018), https://doi.org/10.3389/fpsyg.2018.01438.
20. Steve Miller, "Developing Next Generation Leadership Talent in Family Businesses" (PhD diss., Case Western Reserve University, 2014).
21. D. H. Gruenfeld, D. Keltner, and C. P. Anderson, "The Effects of Power upon

上私人教練。

7. Marshall Goldsmith commented on the Progressive study on the *M&M Show*, February 22, 2022.
8. Cherniss, Grimm, and Liautaud, "Process-Designed Training."
9. 丹尼爾・高曼的情商課程，請見：https://www.keystepmedia.com/。
10. 南非板球球員研究的樣本很小，但這項訓練在不同的兩年對兩個不同團體進行了兩次。在這兩次中，受過訓練的團體增加了13%的情商，對照組則是一年小增2%，另一年則下降3%。參見D. Crombie, C. Lombard, and T. Noakes, "Increasing Emotional Intelligence in Cricketers: An Intervention Study," *International Journal of Sports Science and Coaching* 6 (2011): 69–86。至於MBA研究，請參見波雅齊斯與凱斯西儲大學魏德海管理學院同僚的突破性研究。摘要請見：R. E. Boyatzis and K. V. Cavanagh, "Leading Change: Developing Emotional, Social, and Cognitive Competencies in Managers During an MBA Program," in K. Keefer, J. Parker, and D. Saklofske, eds., *Emotional Intelligence in Education: The Springer Series on Human Exceptionality* (New York: Springer, 2018), 403–26。
11. J. W. Dugan et al., "A Longitudinal Study of Emotional Intelligence Training for Otolaryngology Residents and Faculty," *JAMA Otolaryngology Head Neck Surgery* 140 (2014): 720–26, doi:10.1001/jamaoto.2014.1169; M. Beigi and M. Shirmohammadi, "Effects of an Emotional Intelligence Training Program on Service Quality of Bank Branches," *Managing Service Quality: An International Journal* 21 (2011): 552–67, doi:10.1108/09604521111159825; G. E. Gignac, R. J. Harmer, S. Jennings, and B. R. Palmer, "EI Training and Sales Performance During a Corporate Merger," *Cross Cultural Management 19* (2012): 104–16, doi:10.1108/13527601211195655.
12. R. Turner and B. Lloyd-Walker, "Emotional Intelligence (EI) Capabilities Training: Can It Develop EI in Project Teams?" *International Journal of Managing Projects in Business* 1 (2008): 512–34,

J. P. Liautaud, "Process-Designed Training: A New Approach for Helping Leaders Develop Emotional and Social Competence," *Journal of Management Development* 29 (2010): 413–31。

25. K. Holtz, V. Orengo Castella, A. Zornoza Abad, and B. Gonzalez-Anta, "Virtual Team Functioning," *Group Dynamics: Theory, Research, and Practice* 24, no. 3 (2020): 153–67, doi:10.1037/gdn0000141.
26. "Guide: Understand Team Effectiveness," https://rework.withgoogle.com/print/guides/5721312655835136/.
27. P. M. Le Blanc et al., "Take Care! The Evaluation of a Team-Based Burnout Intervention Program for Oncology Care Providers," *Journal of Applied Psychology* 92 (2007): 213–27, doi:10.1037/0021-9010.92.1.213.

第十二章　實用的情商訓練

1. Jamie Dimon, interviewed on the podcast *Coffee with the Greats*, July 15, 2021, https://cnb.cx/32N4W1C.
2. https://www.eeoc.gov/laws/guidance/employment-tests-and-selection-procedures.
3. David Noble et al., *Real-Time Leadership* (Boston: Harvard Business Review Press, 2023).
4. 關於更多資訊，請見網站：Collaborative for Academic and Social Learning at https://casel.org/fundamentals-of-sel/what-does-the-research-say/。
5. 例如，請見：R. Gilar-Corbi et al., "Can Emotional Intelligence Be Improved? A Randomized Experimental Study of a Business-Oriented EI Training Program for Senior Managers," *PLoS One* (2019), https://doi.org/10.1371/journal.pone.0224254。
6. 美國前進保險公司情商訓練結果的研究，是由組織發展顧問Laura Gulliam所進行。這項研究評估情商訓練的相對益處，方法是經由情緒與社會能力量表（ESCI）和自主情商發展網站，或是ESCI評量加

Relationships," *International Journal of Project Management* 32 (2014): 944–57; A. C. Troth, P. J. Jordan, S.A. Lawrence, and H. H. Tse, "A Multilevel Model of Emotional Skills, Communication Performance, and Task Performance in Teams," *Journal of Organizational Behavior* 33 (2012): 700–22. 顯示團隊情商與團隊運作之間正向聯繫的另外兩項研究包括：P. J. Jordan, N. M. Ashkanasy, C. E. J. Hartel, and G. S. Hooper, "Workgroup Emotional Intelligence Scale Development and Relationship to Team Process Effectiveness and Goal Focus," *Human Resource Management Review* 12 (2002): 195–214; and J. W. Chang, T. Sy, and J. N. Choi, "Team Emotional Intelligence and Performance: Interactive Dynamics between Leaders and Members," *Small Group Research* 43 (2012): 75–104, doi:10.1177/1046496411415692。

19. 《富比士》雜誌於2022年報導，儘管新近已見增加，女性仍然僅占工程及工程技術學士學位的21％，請見：https://www.forbes.com/sites/markkantrowitz/2022/04/07/women-achieve-gains-in-stem-fields/?sh=225ef085ac57。女性表示工學院是敵視她們的環境；女性工程師學會（Society of Women Engineers）於2019年表示：「超過32％的女性退出大學的STEM學位課程。」https://alltogether.swe.org/2019/11/swe-research-update-women-in-engineering-by-the-numbers-nov-2019/.
20. A. G. Greenwald et al., "Implicit-Bias Remedies: Treating Discriminatory Bias as a Public-Health Problem," *Psychological Science in the Public Interest* 23 (2022): 7–40, doi:10.1177/15291006211070781; Jesse Singal, "What If Diversity Trainings Are Doing More Harm Than Good?" *New York Times*, January 17, 2023, https://www.nytimes.com/2023/01/17/opinion/dei-trainings-effective.html.
21. Michael Jacoby Brown, letter to the editor, *New York Times*, 1/27/23.
22. Singal, "What If Diversity Trainings Are Doing More Harm Than Good?"
23. https://ascent.net/stephen-kelner.
24. 有關此計畫及其評估的更多資訊，請見：C. Cherniss, L. Grimm, and

Based Strategies That Distinguish Top-Performing Cross-Functional Drug Development Teams," *Organization Development Journal* 25, no. 2 (2007): P179–P186.

9. V. U. Druskat and S. B. Wolff, "Building the Emotional Intelligence of Groups," *Harvard Business Review* 79, no. 3 (2001): 81–90.
10. 有關杜魯斯卡特的團隊情商研究的更多資訊，請見：https://golemanconsultinggroup.com/。
11. 團隊情商：https://golemanconsultinggroup.com/。
12. Vanessa Druskat et al., "The Influence of Team Leader Competencies on the Emergence of Emotionally Competent Team Norms," presented at the Annual Academy of Management Conference, San Antonio, TX, August 2011.
13. A. W. Woolley et al., "Evidence for a Collective Intelligence Factor in the Performance of Human Groups," *Science* 330 (2010): 686–88.
14. Duhigg, "What Google Learned from Its Quest to Build the Perfect Team."
15. A. Rezvani, P. Khosravi, and N. M. Ashkanasy, "Examining the Interdependencies Among Emotional Intelligence, Trust, and Performance in Infrastructure Projects: A Multilevel Study," *International Journal of Project Management* 36, no. 8 (2018): 1034–46, https://doi.org/10.1016/j.ijproman.2018.08.002.
16. F. Zhu, X. Wang, L. Wang, and M. Yu, "Project Manager's Emotional Intelligence and Project Performance: The Mediating Role of Project Commitment," *International Journal of Project Management* 39 (2021): 788–98.
17. E. S. Koman and S. B. Wolff, "Emotional Intelligence Competencies in the Team and Team Leader: A Multi-level Examination of the Impact of Emotional Intelligence on Team Performance," *Journal of Management Development* 27, no. 1 (2008): 5575.
18. A. Mazur, A. Pisarski, A. Chang, and N. M. Ashkanasy, "Rating Defence Major Project Success: The Role of Personal Attributes and Stakeholder

Your Questions, Change Your Life: 10 Powerful Tools for Life and Work, 2nd ed. (San Francisco: Berrett-Koehler, 2009)。

第十一章　高情商團隊

1. 也可參見 Gerardo A. Okhuysen, David Lepak, Karen Lee Ashcraft, Giuseppe Labianca, Vicki Smith, and H. Kevin Steensma, "Theories of Work and Working Today," *Academy of Management Review* 38, no. 4 (2013): 491–502。
2. 參見 Vipula Gandhi and Jennifer Robinson, "The 'Great Resignation' Is Really the 'Great Discontent,' " Gallup, July 22, 2021, https://www.gallup.com/workplace/351545/great-resignation-really-great-discontent.aspx。
3. N. C. Carpenter, D. S. Whitman, and R. Amrhein, "Unit-Level Counterproductive Work Behavior (CWB): A Conceptual Review and Quantitative Summary," *Journal of Management* 47 (2020): 1498–1527, https://doi.org/10.1177/0149206320978812.
4. Spencer and Barnfield, "Emotional Intelligence: Why Now?"
5. 他們透過團隊成員、他們的領導人以及熟悉團隊的高階主管的看法，以判斷一支團隊的效能，亦即觀察人們是否合作良好。他們亦觀察確切的成果數據，例如銷售業績。
6. 有關團體心理安全感的概念的更多資訊，請見：A. Edmondson, "Psychological Safety and Learning Behavior in Work Teams," *Administrative Science Quarterly* 44, no. 2 (1999): 350–83, doi:10.2307/2666999。
7. "Guide: Understand Team Effectiveness," in *re:Work*, https://rework.withgoogle.com/print/guides/5721312655835136/. 關於該研究的更詳細報告，請見：Charles Duhigg, "What Google Learned from Its Quest to Build the Perfect Team," *New York Times*, February 28, 2016, https://www.nytimes.com/2016/02/28/magazine/what-google-learned-from-its-quest-to-build-the-perfect-team.html。
8. N. Campany et al., "What Makes Good Teams Work Better: Research-

30. Boyatzis, K. Thiel, K. Rochford, and A. Black, "Emotional and Social Intelligence Competencies of Incident Team Commanders Fighting Wildfires," *Journal of Applied Behavioral Science* 53 (2017):498–516, doi:10.1177/0021886317731575. 他們分析了與15名事件指揮官訪談所獲悉的60次嚴重意外事件，以探究意外管理領導者的情商及社交智商能力。

31. Caruso's quote comes from Rubinstein, "The No. 1 Skill Eric Adams Is Looking For (It's Not on a Resume)."

32. Quoted in Emma Goldberg, "When Your Boss Is Crying, but You're the One Being Laid Off," *New York Times*, August 24, 2022.

33. E. L. Carleton, J. Barling, A. M. Christie, M. Trivisonno, K. Tulloch, and M. R. Beauchamp, "Scarred for the Rest of My Career? Career-Long Effects of Abusive Leadership on Professional Athlete Aggression and Task Performance," *Journal of Sport and Exercise Psychology* (2016): 409–22.

34. Allie Caren, "Why We Often Remember the Bad Rather Than the Good," *Washington Post*, November 1, 2018, https://www.washingtonpost.com/science/2018/11/01/why-we-often-remember-bad-better-than-good/.

35. Shawn McClean, Stephen H. Courtright, Troy A. Smith, and Junhyok Yim, "Stop Making Excuses for Toxic Bosses," *Harvard Business Review* (2021), https://hbr.org/2021/01/stop making-excuses-for-toxic-bosses.

36. J. A. Colquitt et al., "Justice at the Millenium: A Meta-Analytic Review of Organizational Behavior Research," *Journal of Applied Psychology* 86 (2001): 425–45.

37. 更多關於此研究的細節，請見：C. Cherniss and C. W. Roche, "How Outstanding Leaders Use Emotional Intelligence," *Leader to Leader* 98 (Fall 2020): 45–50, https://doi.org/10.1002/ltl.20517。他們從來自各式組織的25名領導人（12名男性、13名女性）那裡收集了126個事件。

38. 有關這種管理情緒的策略的更多資料，請見：Marilee Adams, *Change*

22. 研究職場情緒的賓州大學華頓商學院教授Nancy Rothbard表示，她的研究顯示女性及非白人領導者若揭露情緒，或許將面對更為慘重的代價。Quoted in Rubinstein, "The No. 1 Skill Eric Adams Is Looking for (It's Not on a Resume)."
23. K. Lanaj, R. E. Jennings, S. J. Ashford, and S. Krishnan, "When Leader Self-care Begets Other Care: Leader Role Self-compassion and Helping at Work," *Journal of Applied Psychology 107*, no. 9 (2022): 1543–60, https://doi.org/10.1037/apl0000957.
24. C. Cherniss, L. Grimm, and J. P. Liautaud, "Process-Designed Training: A New Approach for Helping Leaders Develop Emotional and Social Competence," *Journal of Management Development* 29 (2010): 413–31.
25. R. Gilar-Corbi et al., "Can Emotional Intelligence Be Improved? A Randomized Experimental Study of a Business-Oriented EI Training Program for Senior Managers," *PLoS ONE* 14, no. 10 (2019): e0224254, https://doi.org/10.1371/journal.pone.0224254.
26. Dina Denham Smith and Alicia A. Grandey, "The Emotional Labor of Being a Leader," *Harvard Business Review*, November 2, 2022.
27. 卡利與同僚Cornelia Roche研究的領導人之一。參見Cherniss and Roche, Leading with Feeling。
28. G. Cummings, L. Hayduk, and C. Estabrooks, "Mitigating the Impact of Hospital Restructuring on Nurses: The Responsibility of Emotionally Intelligent Leadership," *Nursing Research* 54, no. 1 (2005): 2–12.
29. 測量領導人情商的方法，是請護理師按照高曼－波雅齊斯模型的13種情商能力去評估他們的領導人。接著，根據他們的能力診斷書，他們為領導人指定一種以上的情商領導風格（遠見、教練、協助、及／或民主）。參見Daniel Goleman, Richard Boyatzis, and Annie McKee, *Primal Leadership: Realizing the Power of Emotional Intelligence* (Boston: Harvard Business Review Press, 2002)。

15. Microsoft WorkLab, "Great Expectations: Making Hybrid Work *Work,*" Annual Work Trend Index 2022 Report, https://www.microsoft.com/en-us/worklab/work-trend-index.
16. B. A. Scott, J. A. Colquitt, E. L. Paddock, and T. A. Judge, "A Daily Investigation of the Role of Manager Empathy on Employee Well-being," *Organizational Behavior and Human Decision Processes* 113 (2010): 127–40.
17. J. Skakon, K. Nielsen, V. Borg, and J. Guzman, "Are Leaders' Well-being, Behaviours and Style Associated with the Affective Well-being of Their Employees? A Systematic Review of Three Decades of Research," *Work & Stress* 24, no. 2 (2010): 107–39, doi:10.1080/02678373.2010.495262. 也可參見 F. Rasulzada, I. Dackert, and C. R. Johansson, "Employee Well-being in Relation to Organizational Climate and Leadership Style," in *Proceedings of the Fifth European Conference of the European Academy of Occupational Health Psychology, Berlin* (Nottingham, UK: Institute of Work Health & Organisations, University of Nottingham, 2003), 220–24。
18. R. S. Vealey, L. Armstrong, W. Comar, and C. A. Greenleaf, "Influence of Perceived Coaching Behaviours on Burnout and Competitive Anxiety in Female College Athletes," *Journal of Applied Sport Psychology* 10 (1998): 297–318.
19. P. Moyle, "Longitudinal Influences of Managerial Support on Employee Well-being," *Work & Stress* 12 (1998): 29–49, https://doi.org/10.1080/02678379808256847.
20. Sigal Barsade and Olivia A. O'Neill, "Manage Your Emotional Culture," *Harvard Business Review*, January–February 2016.
21. 這種困局對女性領導人而言尤爲嚴重，因爲她們被預期要「溫暖和善，同時能幹或強悍」。參見 Wei Zeng, Ronit Kark, and Alyson Meister, "How Women Manage the Gendered Norms of Leadership." *Harvard Business Review*, November 28, 2018, https://hbr.org/2018/11/how-women-manage-the-gendered-norms-of-leadership。

項不同的研究和2,764名參與者。也可參見 R. J. Emmerling and R. E. Boyatzis, "Emotional and Social Competencies: Cross-Cultural Implications," *Cross Cultural Management: An International Journal* 19 (2012): 4–18。

8. J. S. Allen, R. M. Stevenson, E. H. O'Boyle, and S. Seibert, "What Matters More for Entrepreneurship Success? A Meta-analysis Comparing General Mental Ability and Emotional Intelligence in Entrepreneurial Settings," *Strategic Entrepreneurship Journal* 15 (2021): 352–76, https://doi.org/10.1002/sej.1377.
9. Cherniss, *Beyond Burnout.*
10. Mary Abbajay, "What to Do When You Have a Bad Boss," *Harvard Business Review*, September 7, 2018, cited in the McKinsey report, https://www.mckinsey.com/business-functions/people-and-organizational-performance/our-insights/the-boss-factor-making-the-world-a-better-place-through-workplace-relationships.
11. McKinsey Quarterly Five-Fifty, "Better Bosses." September 22, 2020, https://www.mckinsey.com/business-functions/people-and-organizational-performance/our-insights/five-fifty-better-bosses; https://www.mckinsey.com/business-functions/people-and-organizational-performance/our-insights/the-boss-factor-making-the-world-a-better-place-through-workplace-relationships.
12. C. Miao, R. H. Humphrey, and S. Qian, "Leader Emotional Intelligence and Subordinate Job Satisfaction: A Meta-analysis of Main, Mediator, and Moderator Effects," *Personality and Individual Differences* 102 (2016): 13–24, https://doi.org/10.1016/j.paid.2016.06.056.
13. Miao, Humphrey, and Qian, "A Cross-Cultural Meta-analysis."
14. Falahat N. Mohammad, Lau T. Chai, Law K. Aun, and Melissa W. Migin, "Emotional Intelligence and Turnover Intention," *International Journal of Academic Research* Part B, 6, no. 4 (2014): 211–20, doi:10.7813/2075-4124.2014/6-4/B.33.

10. Signe Spencer and Heather Barnfield, "Emotional Intelligence: Why Now?" Korn Ferry Thought Leadership, 2021, https://www.kornferry.com/content/dam/kornferry-v2/pdf/institute/kfi-thought-leadership-emotional-intelligence-why-now.pdf.

第十章　情商領導力

1. Dana Rubinstein, "The No. 1 Skill Eric Adams Is Looking for (It's Not on a Resume)," *New York Times*, December 18, 2021.
2. Brookes Barnes et al., "Iger's Sudden Return to Disney Shocks a Discontented Kingdom," *New York Times*, November 21, 2022, https://www.nytimes.com/2022/11/21/business/media/disney-bob-iger.html.
3. D. Rosete and J. Ciarrochi, "Emotional Intelligence and Its Relationship to Workplace Performance Outcomes of Leadership Effectiveness," *Leadership and Organization Development Journal* 26 (2005): 388–99, https://www.emerald.com/insight/content/doi/10.1108/01437730510607871/full/html.
4. R. E. Boyatzis, D. Good, and R. Massa, "Emotional, Social, and Cognitive Intelligence and Personality as Predictors of Sales Leadership Performance," *Journal of Leadership and Organizational Studies* 19 (2012): 191–201, doi:10.1177/1548051811435793.
5. R. Boyatzis, T. Brizz, and L. Godwin, "The Effect of Religious Leaders' Emotional and Social Competencies on Improving Parish Vibrancy," *Journal of Leadership & Organizational Studies* 18 (2011): 192–206, doi:10.1177/1548051810369676.
6. S. V. A. Araujo and S. Taylor, "The Influence of Emotional and Social Intelligence Competencies on the Performance of Peruvian Refinery Staff," *Journal of Cross Cultural Management* 19 (2012): 19–29, doi:10.1108/13527601211195600.
7. C. Miao, R. H. Humphrey, and S. Qian, *Journal of World Business* 53 (2018): 463–74, https://doi.org/10.1016/j.jwb.2018.01.003. 他們的分析包括了12

第九章　情商的許多名字

1. Raffaella Sadun et al., "The C-Suite Skills That Matter Most," *Harvard Business Review*, July–August 2022, 42–50.
2. Sadun et al.
3. Amy Lui Abel and Rebecca L. Ray, *Global Executive Coaching Survey 2018*, Conference Board, March 2019, https://www.conference-board.org/topics/executive-coaching/global-executive-coaching-survey-2018-report.
4. Jeremy Hunter, "Is Mindfulness Good for Business?" *Mindful*, April 2013, 54.
5. Sadun et al., "The C-Suite Skills That Matter Most," 47.
6. L. L. Baird, "Do Grades and Tests Predict Adult Accomplishment?" *Research in Higher Education* 23 (1985): 3–85, https://doi.org/10.1007/BF00974070. On the other hand another study found a higher correlation: Philip L. Roth and Richard L. Clarke, "Meta-Analyzing the Relation Between Grades and Salary," *Journal of Vocational Behavior* 53, no. 3 (1998): 386–400. 學校成績未必能反映智商，而且也受到動機和認眞盡責性等因素的強烈影響。
7. P. L. Roth, C. A. BeVier, F. S. Switzer, and J. S. Schippmann, "Meta-Analyzing the Relationship Between Grades and Job Performance," *Journal of Applied Psychology* 81, no. 5 (1996): 548–56, https://doi.org/10.1037/0021-9010.81.5.548.
8. Jeffrey S. Zax and Daniel I. Rees, "IQ, Academic Performance, Environment, and Earnings," *Review of Economics and Statistics* 84, no. 4 (November 2002): 600–616. 對智商的高估是指 Richard Hernstein 和 Charles Murray 所提出的主張：*The Bell Curve* (New York: Free Press, 1994)。
9. 例如，請見：Bryan J. Pesta, "Discounting IQ's Relevance to Organizational Behavior: The 'Somebody Else's Problem' in Management Education," *Open Differential Psychology*, May 26, 2015, and Ken Richardson and Sarah H. Norgate, "Does IQ Really Predict Job Performance?" *Applied Developmental Science* 19, no. 3 (2015): 153–69。

5. Richard Boyatzis et al., *Helping People Change: Coaching with Compassion for Lifelong Learning and Growth* (Boston: Harvard Business Review Press, 2021).
6. C. Cherniss, "Instrument for Observing Supervisor Behavior in Educational Programs for Mentally Retarded Children," *American Journal of Mental Deficiency* 91 (1986): 18–21.
7. Peter Senge, in KeyStepMedia, *Building Blocks of Emotional Intelligence, Influence: A Primer* (Florence, MA: MoreThanSound, 2017), 38.
8. 參見Ken Burns拍攝的富蘭克林紀錄片，以了解更多富蘭克林如何影響他人以幫助美國的事蹟。
9. KeyStepMedia, *Building Blocks of Emotional Intelligence, Influence: A Primer* (Florence, MA: MoreThanSound, 2017), 24.
10. https://motivationalinterviewing.org/understanding-motivational-interviewing.
11. 影響力的課程：https://www.keystepmedia.com/emotional-intelligence/。
12. Blake Mycoskie, "The Founder of TOMS on Reimagining the Company's Mission," *Harvard Business Review*, January–February 2016.
13. KeyStepMedia, *Building Blocks of Emotional Intelligence, Inspirational Leadership: A Primer* (Florence, MA: MoreThanSound, 2017), 5.
14. Daniel Goleman, "Leadership That Gets Results," *Harvard Business Review*, March–April 2000.
15. Dr. Albert Bourla, *Moonshot: Inside Pfizer's Nine-Month Race to Make the Impossible Possible* (New York: HarperBusiness, 2022).
16. Cary Cherniss and Cornelia W. Roche, *Leading with Feeling: Nine Strategies of Emotionally Intelligent Leadership* (New York: Oxford University Press, 2020).
17. Amy Gallo, *HBR Guide to Dealing with Conflict* (Boston: Harvard Business Review Press, 2017).

j.cub.2014.06.054.

21. L. Ramarajan, S. G. Barsade, and O. R. Burack, "The Influence of Organizational Respect on Emotional Exhaustion in the Human Services," *Journal of Positive Psychology* 3 (2008): 4–18.
22. K. Schabram and Y. T. Heng, "How Other-and Self-Compassion Reduce Burnout through Resource Replenishment," *Academy of Management Journal* 65, no. 2 (2022): 453–78. doi:10.5465/amj.2019.0493.
23. Le Blanc et al., "Take Care!" 也可參見 C. Maslach, W. B. Schaufeli, and M. P. Leiter, "Burnout," *Annual Review of Psychology* 52 (2001): 397–422。
24. Richard Boyatzis, in *Organizational Awareness: A Primer* (Florence, MA: More-ThanSound, 2017), 36.
25. Vinson Cunningham, "Blacking Out," *The New Yorker*, July 20, 2020, 64. 26. George Packer, *Last Best Hope: America in Crisis and Renewal* (New York: Farrar, Straus & Giroux, 2021).
27. 例如，請見：https://www.benjerry.com/whats-new/2022/06/americans-agree-on-issues。

第八章　管理你的人際關係

1. https://www.trustacrossamerica.com/documents/index/Return-Methodology.pdf.
2. KeyStepMedia, *Building Blocks of Emotional Intelligence. Coach and Mentor: A Primer* (Florence, MA: MoreThanSound, 2017), 24.
3. Conference Board, *Global Executive Coaching Survey 2018*, https://www.conference-board.org/topics/executive-coaching/global-executive-coaching-survey-2018-report.
4. Anthony Jack et al., "Visioning in the Brain: An FMRI Study of Inspirational Coaching and Mentoring," *Social Neuroscience* 8, no. 4 (2013): 369–84, doi: 10.1080/17470919.2013.808259.

com/resources/state-of-workplace-empathy#gref.

10. Jamil Zaki, "Making Empathy Central to Your Company's Culture," *Harvard Business Review*, May 30, 2019, https://enterprisersproject.com/sites/default/files/empathy_culture.pdf.
11. Erik C Nook et al., "Prosocial Conformity: Prosocial Norms Generalize Across Behavior and Empathy," *Personality and Social Psychology Bulletin* 42, no. 8 (August 2016): 1054–62, doi:10.1177/0146167216649932.
12. Tracy Brower, "Empathy Is the Most Important Leadership Skill According to Research," *Forbes*, September 19, 2021.
13. 例如，請見經典分析：Scott Speier et al., "Leadership Run Amok," *Harvard Business Review*, June 2006。
14. Amabile and Kramer, *The Progress Principle*.
15. Rob Cross and Andrew Parker, *The Hidden Power of Social Networks: Understanding How Work Really Gets Done in Organizations* (Boston: Harvard Business Review Press, 2004).
16. Jamil Zaki, "Integrating Empathy and Interpersonal Emotion Regulation," *Annual Review of Psychology* 71 (2020): 517–40, https://doi.org/10.1146/annurev-psych-010419-050830.
17. Sigal Barsade et al., "Emotional Contagion in Organizational Life," *Research in Organizational Behavior*, December 2018, doi.10.1016/j.riob.2018.11.005.
18. Ed Yong, "Why Health-Care Workers Are Quitting in Droves," *The Atlantic*, November 16, 2021.
19. Patricia L. Lockwood et al., "Distinct Neural Representations for Prosocial and Self-Benefitting Effort," *Current Biology* (2022), doi:10.1016/j.cub.2022.08.010, https://www.cell.com/current-biology/fulltext/S0960-9822(22)01287-8.
20. Tania Singer and Olga M. Klimecki, "Empathy and Compassion," *Current Biology* 24, no. 18 (2014): 875–78, https://doi.org/10.1016/

in Psychology, June 2021, https://doi.org/10.3389/fpsyg.2021.685829.
26. 參見 https://www.keystepmedia.com/shop/psi/#.Y8bk2eLMJ_Q。
27. Fessell and Cherniss, "Coronavirus Disease 2019 (COVID-19) and Beyond."

第七章 同理心

1. Jean Decety, "The Neurodevelopment of Empathy," *Developmental Neuroscience* 32 (2010): 257–7.
2. James Shaheen與Jacqueline Stone、Donald S. Lopez Jr.的對談："How to Read the Lotus Sutra," Tricycle, Spring 2020, 66。這種「巧妙手段」取決於認知同理心。
3. 例如，請見：C. Zahn-Waxler and M. Radke-Yarrow, "The Origins of Empathic Concern," *Motivation and Emotion* 14 (1990): 107–30, https://doi.org/10.1007/BF00991639。
4. KeyStepMedia, *Building Blocks of Emotional Intelligence, Empathy: A Primer* (Florence, MA: MoreThanSound, 2017), 23.
5. 當我們大多數人都蓋住我們的臉部時：Sarah D. McCrackin et al., "Face Masks Impair Basic Emotion Recognition," *Social Psychology* 54 (2022), https://econtent.hogrefe.com/doi/10.1027/1864-9335/a000470。
6. "Physician, Care for Yourself," *Lion's Roar*, March 2020, 23.
7. 例如，請見：Rebecca A. Rudd and Livia M. D'Andrea, "Compassionate Detachment: Managing Professional Stress While Providing Quality Care to Bereaved Parents," *Journal of Workplace Behavioral Health* 30, no. 3 (2015): 287–305, doi:10.1080/15555240.2014.999079。
8. H. Riess et al., "Empathy Training for Resident Physicians: A Randomized Controlled Trial of a Neuroscience-Informed Curriculum," *Journal of General Internal Medicine* 27 (2012): 1280–86, https://doi.org/10.1007/s11606-012-2063-z.
9. BusinessSolver, "2022 State of Workplace Empathy," https://www.businessolver.

14. 參見 Joseph Ledoux, "Rethinking the Emotional Brain," *Neuron* 73 (2012): 653–76。勒杜克斯（Ledoux）早期的研究顯示出恐懼和杏仁核之間的強烈聯繫，但後來他對這些發現提出質疑，主張使用動物模型來研究大腦中的情緒，參見：Anderson, *The Nature of the Beast*。
15. Judy Lief, "Unraveling Anxiety," *Lion's Roar*, March 2022, 47.
16. Marc Brackett, *Permission to Feel: The Power of Emotional Intelligence to Achieve Well-being and Success* (New York: Celadon Press, 2019).
17. Kostadin Kushlev, "Do Happy People Care About Society's Problems?" *Journal of Positive Psychology* 15, no. 4 (2020): 467–77.
18. Maslach and Leiter, "Understanding the Burnout Experience."
19. American Psychological Association, "Stress in America," annual survey, 2021, https://www.apa.org/news/press/releases/stress/2021/decision-making-october-2021.pdf.
20. M. L. Jordano and D. R. Touron, "Priming Performance-Related Concerns Induces Task-Related Mind-Wandering," *Consciousness and Cognition* 55 (2017): 126–35,doi:10.1016/concog.2017.08.002.
21. 例如，請見：Steven J. Spencer et al., "Stereotype Threat and Women's Math Performance," *Journal of Experimental Social Psychology* 35, no. 1 (1999): 4–28。
22. Stacey Schaefer, "Purpose in Life Predicts Better Emotional Recovery from Negative Stimuli," *PLoS ONE* 8, no. 11 (2013).
23. Goleman and Davidson, *Altered Traits*.
24. Uta Klusmann et al., "Is Emotional Exhaustion Only the Result of Work Experiences? A Diary Study on Daily Hassles and Uplifts in Different Life Domains," *Anxiety, Stress, & Coping* 34, no. 2 (2021): 173–90, doi:10.1080/10615806.2020.1845430.
25. Han Liu and Richard Boyatzis, "Focusing on Resilience and Renewal from Stress: The Role of Emotional and Social Intelligence Competencies," *Frontiers*

M. P. Leiter, "Understanding the Burnout Experience: Recent Research and Its Implications for Psychiatry," *World Psychiatry* 15, no. 2 (2016): 103–11, https://doi.org/10.1002/wps.20311.

9. Hannah Seo, "Stress Might Age the Immune System, New Study Finds," *New York Times*, June 17, 2022, https://www.nytimes.com/2022/06/17/well/mind/stress-aging-immune-system.html.
10. https://www.kornferry.com/insights/this-week-in-leadership/workplace-stress-motivation.
11. 參見 P. M. Le Blanc et al., "Take Care! The Evaluation of a Team-Based Burnout Intervention Program for Oncology Care Providers," *Journal of Applied Psychology* 92 (2007): 213–27, doi:10.1037/0021-9010.92.1.213. 也可參見 Maslach and Leiter, "Understanding the Burnout Experience"；W. Schaufeli and D. Enzmann, *The Burnout Companion to Study and Research: A Critical Analysis* (London: Taylor & Francis, 1998)。關於評論，請見：C. L. Cordes, and T. Dougherty, "A Review and Integration of Research on Job Burnout," *Academy of Management Review* 18 (1993): 621–56; R. T. Lee, and B. E. Ashforth, "A Meta-Analytic Examination of the Correlates of the Three Dimensions of Job Burnout," *Journal of Applied Psychology* 81 (1996): 123–33; W. B. Schaufeli and B. P. Buunk, "Burnout: An Overview of 25 Years of Research and Theorizing," in *The Handbook of Work and Health Psychology*, edited by M. J. Schabracq, J. A. M. Winnubst, and C. L. Cooper (Chichester, England: Wiley, 2002), 383–425。
12. https://www.kornferry.com/insights/this-week-in-leadership/workplace-stress-motivation.
13. 更多有關神經網絡與情緒的細節，以及評估大腦部位與情緒的新方法，請見David J. Anderson, The Nature of the Beast: How Emotions Guide Us (New York: Basic Books, 2022)。安德森指出，大腦裡有好幾條跟恐懼相關的迴路，其中一些沒有涉及杏仁核。

25. KeyStepMedia, *Building Blocks of Emotional Intelligence, Positive Outlook: A Primer* (Florence, MA: MoreThanSound, 2017), 23.
26. Susan David, *Emotional Agility* (New York: Avery, 2016).
27. Adaptability definition from KeyStepMedia, *Building Blocks of Emotional Intelligence: The Twelve Crucial Competencies* (Florence, MA: MoreThanSound, 2017).
28. 情商能力線上課程，請見：https://courses.keystepmedia.com/。

第六章　從倦怠到堅韌

1. Ed Yong, "Why Health-Care Workers Are Quitting in Droves," *The Atlantic*, November 16, 2021.
2. 例如，請見：https://www.kornferry.com/insights/this-week-in-leadership/workplace-stress-motivation。
3. Infinite Potential, *The State of Workforce Burnout 2023*, https://infinite-potential.com.au/the-state-of-burnout-2023.
4. https://www.stress.org/stress-level-of-americans-is-rising-rapidly-in-2022-new-study-finds.
5. Emotional self-control or emotional balance: KeyStepMedia, *Building Blocks of Emotional Intelligence, Emotional Self-control: A Primer* (Florence, MA: More-ThanSound, 2017)
6. The classic formulation: R. S. Lazarus and S. Folkman, "Transactional Theory and Research on Emotions and Coping," *European Journal of Personality* 1, no. 3 (1987): 141–69, https://doi.org/10.1002/per.2410010304.
7. 康妮（化名）是卡利與一群研究團隊對職場新人研究的對象之一。參見 Cherniss, Beyond Burnout。
8. S. Toppinen-Tanner et al., "Burnout Predicts Hospitalization for Mental and Cardiovascular Disorders: 10-Year Prospective Results from Industrial Sector," *Stress & Health* 25, no. 4 (October 2009): 287–96, cited in C. Maslach and

of Short Grit Scale (Grit-S)," *Journal of Personality Assessment* 91, no. 2 (2009): 166–74. 這是達克沃斯有關毅力的文章中被引用過最多次的。達克沃斯指出這與麥克里蘭的成就動機相似，但她聲稱毅力適用於更難達到且更長期的目標。

15. Teresa Amabile and Steven Kramer, *The Progress Principle: Using Small Wins to Ignite Joy, Engagement, and Creativity at Work* (Boston: Harvard Business Review Press, 2011).
16. Suniya S. Luthar, Nina L. Kumar, and Nicole Zillmer, "High-Achieving Schools Connote Risks for Adolescents: Problems Documented, Processes Implicated, and Directions for Interventions," *American Psychologist* 75, no. 7 (2020): 983.
17. Emily Esfahani Smith, "Teen Anguish in the Pandemic," *New York Times*, May 9, 2021, Week in Review, 8.
18. Reported in the American Institute of Stress, https://www.stress.org/stress-level-of-americans-is-rising-rapidly-in-2022-new-study-finds.
19. KeyStepMedia, *Building Blocks of Emotional Intelligence, Achievement Orientation: A Primer* (Florence, MA: MoreThanSound, 2017), 24.
20. Angela Duckworth and James J. Gross, "Self-control and Grit: Related but Separable Determinants of Success," *Current Directions in Psychological Science* 23, no. 5 (2014), https://doi.org/10.1177/0963721414541462.
21. Colin O'Brady quoted in Alex Tzelnic, "Extremely Still," *Tricycle*, Spring 2022, 58.
22. Carol Dweck, *Mindset: Changing the Way You Think to Fulfill Your Potential* (New York: Avery, 2016).
23. Daeun Park et al., "The Development of Grit and Growth Mindset During Adolescence," *Journal of Experimental Child Psychology* 198 (2020), https://doi.org/10.1016/j.jecp.2020.104889.
24. Martin Seligman, *Learned Optimism* (New York: Vintage, 2006).

Competencies from Preschool Delay of Gratification," *Developmental Psychology* 26, no. 6 (1990): 978–86.

6. Angela Duckworth et al., "What *No Child Left Behind* Leaves Behind: The Role of IQ and Self-control in Predicting Standardized Achievement Test Scores and Report Card Grades," *Journal of Educational Psychology* 104 (2012): 439–51.
7. Leah S. Richmond-Rakerd et al., "Childhood Self-control Forecasts the Pace of Midlife Aging and Preparedness for Old Age," *PNAS* 118, no. 3 (2021): e2010211118, https://doi.org/10.1073/pnas.2010211118.
8. V. M. Dotson et al., "Depression and Cognitive Control across the Lifespan: A Systematic Review and Meta-analysis," *Neuropsychology Review* 30 (2020): 461–76, https://doi.org/10.1007/s11065-020-09436-6.
9. Ulrike Zetsche et al., "Shedding Light on the Association between Repetitive Negative Thinking and Deficits in Cognitive Control—Meta-analysis," *Clinical Psychology Review* 63 (2018): 56–65.
10. 孩童時期，爲了幫忙家計，他在芝加哥街頭賣報紙，後來設法讀了大學，接著進入法學院，共同創立一家商業法律事務所（D'Ancona, Pflaum, Wyatt & Riskind），最後成爲赫茲租車公司（Hertz Corporation）的總法律顧問。
11. A. E. Poropot, "A Meta-analysis of the Five-Factor Model of Personality and Academic Performance," *Psychological Bulletin* 135 (2009): 322–38, http://dx.doi.org/10.1037/a0014996.
12. Patrick C. L. Heaven and Joseph Ciarrochi, "When IQ Is Not Everything: Intelligence, Personality and Academic Performance at School," *Personality and Individual Differences* 53 (2012): 518–22.
13. Angela Duckworth, *Grit: The Power of Passion and Perseverance* (New York: Scribner's, 2016).
14. Angela Lee Duckworth and Patrick D. Quinn, "Development and Validation

16. Amishi Jha et al. "The Effects of Mindfulness Training on Working Memory Performance in High-Demand Cohorts: A Multi-study Investigation," *Journal of Cognitive Enhancement* 6 (2022): 192–204, https://doi.org/10.1007/s41465-021-00228-1.
17. 馬克・康諾是卡利研究中的受試者。請見：C. Cherniss, *Beyond Burnout: Helping Teachers, Nurses, Therapists, and Lawyers Overcome Stress and Disillusionment* (New York: Routledge, 1995)。
18. Susie Cranston and Scott Keller, "Increasing the 'Meaning Quotient' of Work," *McKinsey Quarterly*, January 1, 2013.
19. Daniel Kahneman, *Thinking, Fast and Slow* (New York: Farrar, Straus & Giroux, 2013).
20. Oprah Winfrey, *The Path Made Clear* (New York: Flatiron Books, 2019), 14.
21. 情商課程：https://www.keystepmedia.com/emotional-intelligence/。
22. Marc Brackett, *Permission to Feel* (New York: Celadon Books, 2020).

第五章　管理你自己

1. Gabriele Gratton et al., "Dynamics of Cognitive Control: Theoretical Bases, Paradigms, and a View for the Future," *Psychophysiology* 55 (2018), https://doi.org/10.1111/psyp.13016.
2. L. Pruessner, S. Barnow, D. V. Holt, J. Joormann, and K. Schulze, "A Cognitive Control Framework for Understanding Emotion Regulation Flexibility," *Emotion* 20, no. 1 (2020): 21–29, https://doi.org/10.1037/emo0000658.
3. 例如，請見：Chai M. Tyng et al., "The Influences of Emotion on Learning and Memory," *Frontiers in Psychology* (2017), https://doi.org/10.3389/fpsyg.2017.01454。
4. Walter Mischel, *The Marshmallow Test: Mastering Self-control* (New York: Little, Brown, 2018).
5. Philip K. Peake, "Predicting Adolescent Cognitive and Self-Regulatory

7. 例如，請見：Amishi Jha et al., "Mindfulness Training Modifies Subsystems of Attention," *Cognitive, Affective, & Behavioral Neuroscience* 7 (2007): 109–19, https://doi.org/10.3758/CABN.7.2.109。這種影響的證據多年來變得更加明顯。
8. David Fessell and Cary Cherniss, "Coronavirus Disease 2019 (COVID-19) and Beyond: Micropractices for Burnout Prevention and Emotional Wellness," *Journal of the American College of Radiology* 17 (2020), doi:10.1016/j.jacr.2020.03.013.
9. Matthew Killingsworth and Daniel Gilbert, "A Wandering Mind Is an Unhappy Mind," *Science*, November 12, 2010, 32.
10. J. G. Randall et al., "Mind-Wandering, Cognition and Performance: A Theory-Driven Meta-analysis of Attention Regulation," *Psychological Bulletin* 140, no. 6 (2014): 1411–31, doi:10/1037/a0037428.
11. Michael Mrazek et al., "Mindfulness Training Improves Working Memory Capacity and GRE Performance While Reducing Mind Wandering," *Psychological Science* 24, no. 5 (2013): 776–81, doi:10.1177/0956797612459659.
12. 有關正念研究的更多細節，請見：Goleman and Davidson, *Altered Traits*, 2018。
13. Clifford Nass in an NPR interview, as quoted in *Fast Company*, February 2, 2014.
14. Amishi Jha et al., "Short-Form Mindfulness Training Protects Against Working Memory Degradation over High-Demand Intervals," *Journal of Cognitive Enhancement* 1 (2017): 154–71, https://doi.org/10.1007/s41465-017-0035-2.
15. Mind and Life Education Research Network, "Contemplative Practices and Mental Training: Prospects for American Education," *Child Development Perspectives* 6, no. 2 (2012): 146–53, https://doi.org/10.1111/j.1750-8606.2012.00240.x.

7. Jared S. Allen et al., "What Matters More for Entrepreneurship Success? A Meta-analysis Comparing General Mental Ability and Emotional Intelligence in Entrepreneurial Settings," *Strategic Entrepreneurship Journal* 15, no. 3 (2020): 352–76.
8. 這項差異是許多證據之中的一項，顯示這些人類活動在不同大腦系統執行；這項大腦網絡的研究仍在進行當中。例如，請見：Chunlin Li et al., "Large-Scale Morphological Network Efficiency of the Human Brain: Cognitive Intelligence and Emotional Intelligence," *Frontiers in Aging Neuroscience*, February 24, 2021, https://doi.org/10.3389/fnagi.2021.605158。
9. Cherniss, "Emotional Intelligence."

第四章　自我覺察的應用

1. George Mumford, interviewed in *Tricycle*, Summer 2003, 103.
2. Richard Huskey et al., "Flexible and Modular Brain Network Dynamics Characterize Flow Experiences During Media Use: A Functional Magnetic Resonance Imaging Study," *Journal of Communication* 72, no. 1 (February 2022): 6–32, https://doi.org/10.1093/joc/jqab044.
3. Daniel Goleman and Richard Davidson, *Altered Traits: Science Reveals How Meditation Changes Your Mind, Brain, and Body* (New York: Avery, 2018).
4. 例如，請見：James Wagner, "For the Mets, Deep Breaths, a Little Chatter and a Lot of Wins," *New York Times*, June 26, 2022。
5. J. D. Rooks et al., " 'We Are Talking About Practice': The Influence of Mindfulness vs. Relaxation Training on Athletes' Attention and Well-Being over High-Demand Intervals," *Journal of Cognitive Enhancement* 1 (2017): 141–53, https://doi.org/10.1007/s41465-017-0016-5.
6. 自我覺察的定義：From KeyStepMedia, *Emotional Self-Awareness: A Primer* (Florence, MA: MoreThanSound, 2017), 34。

27. 人們在實驗室進行公開演說任務時，情商較高的人，皮質醇濃度較低。M. Mikolajczak, O. Luminet, C. Fillee, and P. de Timary, "The Moderating Impact of Emotional Intelligence on Free Cortisol Responses to Stress," *Psychoneuroendocrinology* 32 (2007): 1000–1012, https://doi.org/10.1016/j.psyneuen.2007.07.009.
28. Keefer, Parker, and Saklofske, "Emotional Intelligence and Physical Health." 也可參見評論：S. Laborde, F. Dosseville, and M. S. Allen, "Emotional Intelligence in Sport and Exercise: A Systematic Review," *Scandinavian Journal of Medicine and Science in Sports* (2015), e-pub ahead of print。
29. H. S. Friedman and M. L. Kern, "Personality, Well-being, and Health," *Annual Review of Psychology* 65 (2014): 719–42.

第三章　情商之回歸

1. Peter Salovey and John D. Mayer, "Emotional Intelligence," *Imagination, Cognition and Personality* 9, no. 3 (1990), 185–211, https://doi.org/10.2190/DUGG-P24E-52WK-6CDG.
2. Cliff Lansley, "What Scientists Who Study Emotional Intelligence Agree On," Emotional Intelligence Academy, April 2021, https://www.eiagroup.com/.
3. Cary Cherniss, "Emotional Intelligence: Toward Clarification of a Concept," *Industrial and Organizational Psychology: Perspective on Science and Practice* 3, no. 2 (2010), 110–26.
4. David C. McClelland, "Testing for Competence Rather than for Intelligence," *American Psychologist* 28 (1973): 1–14.
5. Lyle M. Spencer and Signe M. Spencer, *Competence at Work: Models for Superior Performance* (New York: Wiley, 1993).
6. 例如，請見：Jonas W. B. Lang and Harrison Kell, "General Mental Ability and Specific Abilities: Their Relative Importance for Extrinsic Career Success," *Journal of Applied Psychology* 105, no. 9 (2020): 1047–61。

doi:10.1002/job.141。這項統合分析結合了111個獨立的樣本。也可參見：Miao, Humphrey, and Qian, "A Meta-analysis of Emotional Intelligence and Work Attitudes"。

22. Dennis W. Organ, *Organizational Citizenship Behavior: The Good Soldier Syndrome* (Lexington, MA: Lexington Books, 1988).
23. T. M. Nielsen, G. A. Hrivnak, and M. Shaw, "Organizational Citizenship Behavior and Performance," *Small Group Research* 40, no. 5 (2009): 555–77, doi:10.1177/1046496409339630.
24. C. Miao, R. H. Humphrey, and S. Qian, "Are the emotionally intelligent good citizens or counterproductive? A meta-analysis of emotional intelligence and its relationships with organizational citizenship behavior and counterproductive work behavior," *Personality and Individual Diferences* 116 (2017): 144–56, https://doi.org/10.1016/j.paid.2017.04.015. 這項統合分析結合了56個研究，總計11,542名員工。
25. 反生產力工作行爲（CWB）的統合分析包含了17個樣本與3,914名員工。
26. 例如，一項涵蓋19,000名參與者的統合分析發現，情商與心理、心身及生理疾病之間有關聯。A. Martins, N. Ramalho, and E. Morin, "A Comprehensive Meta-analysis of the Relationship Between Emotional Intelligence and Health," *Personality and Individual Differences* 49, no. 6 (2010): 554–64, doi:10.1016/j.paid.2010.05.029. 也可參見 K. V. Keefer, J. D. A. Parker, and D. H. Saklofske, "Emotional Intelligence and Physical Health," in C. Stough, D. H. Saklofske, and J. D. A. Parker, eds., *Assessing Emotional Intelligence: Theory, Research, Applications* (New York: Springer, 2009), 191–218; and G. Matthews, M. Zeidner, and R. D. Roberts, "Emotional Intelligence, Health, and Stress," in C. L. Cooper and J. C. Quick, eds., *Handbook of Stress and Health: A Guide to Research and Practice* (London: Wiley, 2017), 312–26。

12. Gallup, *State of the Global Workplace: 2022 Report*, https://www.gallup.com/workplace/349484/state-of-the-global-workplace.aspx#ite-393245.

13. M. d. C. Perez-Fuentes, M. d. M. M. Jurado, J. J. G. Linares, and N. F. O. Ruiz, The Role of Emotional Intelligence in Engagement in Nurses," *International Journal of Environmental Research and Public Health* 15 (2018): 1915, doi:10.3390/ijerph15091915.

14. L. Wang, "Exploring the Relationship Among Teacher Emotional Intelligence, Work Engagement, Teacher Self-Efficacy, and Student Academic Achievement: A Moderated Mediation Model," *Frontiers in Psychology* 12 (2022):810559, doi:10.3389/fpsyg.2021.810559.

15. Y. Brunetto, S. T. Teo, K. Shacklock, and R. Farr-Wharton, "Emotional Intelligence, Job Satisfaction, Well-being and Engagement: Explaining Organisational Commitment and Turnover Intentions in Policing," *Human Resource Management Journal* 22 (2012): 428–41.

16. 瑪姬是卡利爲期十年追蹤調查的對象之一，主題是人類服務產業的新進人員如何從早期倦怠感中復原。參見 Cary Cherniss, *Beyond Burnout: Helping Teachers, Nurses, Therapists, and Lawyers Overcome Stress and Disillusionment* (New York: Routledge, 1995)。

17. C. Miao, R. H. Humphrey, and S. Qian, "A Meta-analysis of Emotional Intelligence and Work Attitudes," *Journal of Occupational and Organizational Psychology* 90 (2017): 177–202, doi:10.1111/joop.12167.

18. Miao, Humphrey, and Qian.

19. Gallup, *State of the Global Workplace: 2022 Report.*

20. 參見 T.-Y. Park and J. D. Sha, "Turnover Rates and Organizational Performance: A Meta-analysis," *Journal of Applied Psychology* 98 (2013): 268–309, doi:10.1037/a003072。

21. 參見 M. Riketta, "Attitudinal Organizational Commitment and Job Performance: A Meta analysis," *Journal of Organizational Behavior* 23 (2002),

00076-9; D. L. Joseph and D. A. Newman, "Emotional Intelligence: An Integrative Meta-analysis and Cascading Model," *Journal of Applied Psychology* 95 (2010): 54–78, doi:10.1037/a0017286; E. H. O'Boyle Jr., R. H. Humphrey, J. M. Pollack, T. H. Hawver, and P. A. Story, "The Relation Between Emotional Intelligence and Job Performance: A Meta-analysis," *Journal of Organizational Behavior* 32 (2011): 788–818, doi:10.1002/job.714; D. L. Joseph, J. Jin, D. A. Newman, and E. H. O'Boyle, "Why Does Self-Reported Emotional Intelligence Predict Job Performance? A Meta-analytic Investigation of Mixed EI," *Journal of Applied Psychology* 100, no. 2 (2015): 298–342, https://doi.org/10.1037/a0037681; C. Miao, R. H. Humphrey, and S. Qian, "Emotional Intelligence and Job Performance in the Hospitality Industry: A Meta-analytic Review," *International Journal of Contemporary Hospitality Management* 33 (2021): 2632–52, https://doi.org/2610.1108/IJCHM-2604-2020-0323。

9. D. L. Joseph and D. A. Newman, "Emotional Intelligence: An Integrative Meta-analysis and Cascading Model," *Journal of Applied Psychology* 95 (2010): 54–78, doi:10.1037/a0017286.
10. W. Schaufeli, A. B. Bakker, and M. Salanova, "The Measurement of Work Engagement with a Short Questionnaire," *Educational and Psychological Measurement* 66, no. 4 (2006): 701–16.
11. J. K. Harter, F. L. Schmidt, and T. L. Hayes, "Business-Unit-Level Relationship Between Employee Satisfaction, Employee Engagement, and Business Outcomes: A Meta-analysis," *Journal of Applied Psychology* 87 (2002): 268–79, doi:10.1037/0021-9010.87.2.268. 也可參見 B. L. Rich, J. A. LePine, and E. R. Crawford, "Job Engagement: Antecedents and Effects on Job Performance," *Academy of Management Journal* 53 (2010): 617–35。在針對245名消防員及其主管進行的一項研究中，他們發現員工參與度和表現之間存在著強烈的關聯。

第二章　情商與損益表底線

1. 學術界對於情商與職場表現的爭論仍在持續當中：Marie T. Dasborough et al., "Does Leadership Still Need Emotional Intelligence? Continuing the Great EI Debate," *Leadership Quarterly* (2021), https//doi.org/10.1016/j.leaqua.2021.101539。
2. 參見：J. C. Rode, M. Arthaud-Day, A. Rawaswami, and S. Howes, "A Time-Lagged Study of Emotional Intelligence and Salary," *Journal of Vocational Behavior* 101 (2017): 77–89, https://www.researchgate.net/publication/316816644_A_time-lagged_study_of_emotional_intelligence_and_salary。
3. B. Kidwell, D. M. Hardesty, B. R. Murtha, and S. Sheng, "Emotional Intelligence in Marketing Exchanges," *Journal of Marketing* 75 (2011): 78–95.
4. R. E. Boyatzis, K. Rochford, and K. Cavanagh, "The Role of Emotional and Social Intelligence Competencies in Engineer's Effectiveness and Engagement," *Career Development International* 22 (2017): 70–86, doi:10.1108/CDI-08-2016-0136.
5. Business Wire, "MDRT Study Finds Americans Deem Emotional Intelligence the Most Trustworthy Quality in an Advisor," https://www.businesswire.com/news/home/20200507006157/en/MDRT-Study-Finds-Americans-Deem-Emotional-Intelligence-the-Most-Trustworthy-Quality-in-an-Advisor.
6. Business Wire.
7. J. Grobelny, P. Radke, and D. Paniotova-Maczka, "Emotional Intelligence and Job Performance: A Meta-analysis," *International Journal of Work Organisation and Emotion* 12 (2021): 1–47, doi:10.1504/IJWOE.2021.10037977.
8. 參見 D. L. Van Rooy and C. Viswesvaran, "Emotional Intelligence: A Meta-analytic Investigation of Predictive Validity and Nomological Net," *Journal of Vocational Behavior* 65, no. 1 (2004): 71–95, doi:10.1016/S0001-8791(03)

4. Susie Cranston and Scott Keller, "Increasing the 'Meaning Quotient' of work," *McKinsey Quarterly*, January 1, 2013.
5. 這些數字並不確切。我們需要更加精確的研究，才能計算處在最佳狀態的確切時間比率，以及人們在這種狀態下提升了多少生產力。不妨將這些估計視爲進一步測試的假設。
6. The recipe for a good day: Teresa Amabile and Steven Kramer, "The Power of Small Wins," *Harvard Business Review*, May 2011.
7. Teresa Amabile and Steven Kramer, *The Progress Principle (*Boston: Harvard Business Review Press, 2011).
8. Amabile and Kramer, 54.
9. Shannon Watts interviewed in *Tricycle*, Spring 2022, 85.
10. 例如，請見：Amy Arnsten and P. S. Goldman-Rakic, "Noise Stress Impairs Prefrontal Cortical Cognitive Function in Monkeys: Evidence for a Hyperdopaminergic Mechanism," *Archives of General Psychiatry* 55 (1998): 362。
11. Mihaly Cziksentmihalyi, *Beyond Boredom and Anxiety* (San Francisco: Jossey-Bass, 1975).
12. 例如，請見：Steven Kotler, "Create a Work Environment That Fosters Flow," *Harvard Business Review,* October 2019。
13. Mihaly Csikszentmihalyi and Isabella Selega Csikszentmihalyi, eds. *Optimal Experience: Psychological Studies of Flow in Consciousness* (New York: Cambridge University Press, 1988).
14. Charles Duhigg, *The Power of Habit* (New York: Random House, 2014).
15. C. J. Fullagar and E. K. Kelloway, "Flow at Work: An Experience Sampling Approach," *Journal of Occupational and Organizational Psychology* 82 (2010): 595–615, doi:10.1348/096317908X357903.
16. S. Engeser and F. Rheinberg, "Flow, Performance and Moderators of Challenge-Skill Balance," *Motivation and Emotion* 32 (2008): 158–72, https://doi.org/10.1007/s11031-008-9102-4.

注釋

前言　你的最佳狀態

1. 那場網球賽以及接下來四段的引述來自David Waldstein, "How Ajla Tomljanovic Faced Down Serena Williams and 24,000 Others," *New York Times*, September 3, 2022。
2. 組織EQ研究協會的宗旨，是將那些在企業與學校等組織試驗情商應用的從業人士，以及可以將他們的方法論應用到這些專案的學術研究人員聚集起來。參見www.eiconsortium.org。本書撰寫時是由Rob Emmerling擔任協會主席。
3. 根據喬治城大學兒童與家庭衛生策略研究中心（Georgetown University Health Policy Institute Center on Children and Families），2016至2019年之間，焦慮上升27%，憂鬱則增加24%。2019至2020年之間，行爲舉止問題增加了21%。

第一章　最佳狀態的你

1. 其他心理學家亦描繪過類似的內心情境。提倡「正向心理運動」的馬丁．賽利格曼（Martin Seligman）稱之爲「滋潤」（flourishing），與我們所說的最佳狀態有數個共同點。參見Martin Seligman, Flourish (New York: Atria, 2012)。
2. Alice Isen et al., "Positive Affect Facilitates Creative Problem Solving," *Journal of Personality and Social Psychology* 52, no. 6 (1987): 1122–31, https://doi.org/10.1037/0022-3514.52.6.1122.
3. B. Frederickson and C. Branigan, "Positive Emotions Broaden the Scope of Attention and Thought-Action Repertoires," *Cognition and Emotion* 19 (2005): 313–32.

作者簡介

丹尼爾・高曼 Daniel Goleman

哈佛心理學博士、國際暢銷作家，曾獨自完成或與人合著多本暢銷書，包括《EQ》、《專注的力量》、《放不下，就握手言和吧》、《平靜的心，專注的大腦》等。他曾任《紐約時報》科學線記者，兩度獲得普立茲獎提名，並因爲長年投入書寫而成爲美國心理學會的終生成就獎得主。他現居於美國東北部的波克夏爾山區，更多資訊可見DanielGoleman.info。

■卡利・查尼斯 Cary Cherniss

耶魯大學心理學博士、羅格斯大學應用心理學榮譽教授。曾任教於密西根大學安娜堡分校、伊利諾大學芝加哥分校、芝加哥醫學學校和伊利諾理工學院。他專門研究ＥＱ在職場中的作用，亦投身於工作壓力、領導力發展和組織變革等領域，已發表七十多篇相關主題的學術文章，並出版了八本書。他曾爲許多公共和私營機構提供諮詢服務，包括美國運通、嬌生公司、美國海岸防衛隊、美國人事管理局。目前是組織ＥＱ研究協會（CREIO）的聯合主席。

譯者簡介

蕭美惠

畢業於國立政治大學英語系，從事新聞及翻譯二十餘年，曾獲吳舜文新聞深度報導獎和經濟部中小企業處金書獎。譯作包括《用數據讓客人買不停》、《鬆綁你的焦慮習慣》、《沒有Email的世界》、《永久檔案》、《成爲賈伯斯》等數十本。

BIG 433

最佳狀態：超越心流，掌握個人持續卓越的情商

作　者—丹尼爾・高曼（Daniel Goleman）、卡利・查尼斯（Cary Cherniss）
譯　者—蕭美惠
副總編輯—陳家仁
編　輯—黃凱怡
編輯協力—張黛瑄
企　劃—洪晟庭
封面設計—日央設計
內頁設計—李宜芝

總編輯—胡金倫
董事長—趙政岷
出版者—時報文化出版企業股份有限公司
108019台北市和平西路三段240號4樓
發行專線—（02）2306-6842
讀者服務專線—0800-231-705（02）2304-7103
讀者服務傳真—（02）2302-7844
郵撥—19344724 時報文化出版公司
信箱—10899臺北華江橋郵政第99信箱

時報悅讀網—http://www.readingtimes.com.tw
法律顧問—理律法律事務所 陳長文律師、李念祖律師
印　刷—紘億印刷有限公司
初版一刷—二〇二四年一月十二日
定　價—新台幣四八〇元
（缺頁或破損的書，請寄回更換）

時報文化出版公司成立於一九七五年，
並於一九九九年股票上櫃公開發行，於二〇〇八年脫離中時集團非屬旺中，
以「尊重智慧與創意的文化事業」為信念。

最佳狀態 : 超越心流 , 掌握個人持續卓越的情商 / 丹尼爾 . 高曼 (Daniel Goleman), 卡利 . 查尼斯 (Cary Cherniss) 作 ; 蕭美惠譯 . -- 初版 . -- 臺北市 : 時報文化出版企業股份有限公司 , 2024.01
352 面 ; 14.8 x 21 公分 . -- (Big ; 433)

譯自 : Optimal : how to sustain personal and organizational excellence every day
ISBN 978-626-374-669-5 (平裝)

1. 情緒商數 2. 情緒管理 3. 成功法

176.5　　112019895

ISBN 978-626-374-669-5
Printed in Taiwan